アウグスティヌス
古くて新しい物語

柏木貴志

教文館

推薦のことば

吉田　隆

およそ過去の歴史から学ぼうとする者にとって、最も大切な能力の一つは〝想像力〟ではないかと、私は思います。人物にせよ出来事にせよ、なぜそのように考えたのか、なぜそのようなことが起こったのかを正確に理解するためには、その人物や出来事が置かれていた歴史的・社会的・文化的文脈に即して理解することが必須なことだからです。とりわけ、アウグスティヌスという偉大な教父を理解するためには、そのことが不可欠であるように思います。ローマ・カトリックとプロテスタント双方の神学思想全体に、消し去ることのできない多大な影響を与えたこの人物は、しかし、その思索の大半を北アフリカの地方都市ヒッポの教会の伝道と牧会のただ中で為した人だからです。

ヒッポの町に降り注いでいた眩い日差し、地中海からの潮風と内陸からの乾いた空気、街の雑踏を行き交う漁師や商人たち、老人や女性、走り回る子どもたちの姿、そして彼が最期まで奉仕した石造りの教会と、共に労した仲間たち。その教会の講壇から彼が語りかけたのは、未だ異教的習慣や迷信にどっぷり浸かっていた人々、頽廃した生活と信仰生活が同居する人々、聖書を十分理解しないままひたすら殉教者たちに熱狂する人々でした。

そのような景色を映像で理解する方法は、とても良い方法です（百聞は一見に如かず！）。しかし、それはえてして表面的理解で終わってしまいます。心の内面にまで迫ることが難しいからです。その点、「物語」という方法は、まるでその人の〝心の窓〟から見るように時代を見る。肌で感じるように感じることができます。その時、アウグスティヌスが記した膨大な文書もまた単なる紙の上の文字ではない、彼の心を理解するための言葉となり、〝viva vox（生きた声）〟として語りかけてくるのです。

柏木貴志先生は、地中海ならぬ瀬戸内海の地方都市岡山の教会の牧師であり、神戸改革派神学校で古代教会史を講じておられる教師です。新進のアウグスティヌス研究者として深い洞察力を持ちながら、こよなく文学を愛する文学者でもあります。その先生が、改革派教会の聖書日課のための小冊子に連載し、大きな反響を呼んだのが「アウグスティヌスの古くて新しい物語」（＝本書）でした。

この滋味あふれる物語を通して、どうぞアウグスティヌスの日常世界へと旅をしてください。今から一六〇〇年も昔の北アフリカの街で、まるで知り合いの牧師に会うように、この偉大なしかし謙遜な教会の指導者に出会ってください。そうして後、今、私たちが生きるこの世界に彼が生きていたなら、何を感じ、何を語り、何を書くだろうかと、ひと時思い巡らしてみてください。

日本の教会が健やかに成長して行くためには、欧米の神学に学びつつも、日本という独自の文脈における教会の現場に（アウグスティヌスがそうであったように）誠実に向き合うこと、それぞれの小さな群れに与えられている一人ひとりを大切にすることだと思います。その愛は、必ず普遍的な愛につながります。なぜなら、その愛は、この世を愛し抜かれたキリストの愛に根ざすものだからです。

さあ、北アフリカの街を吹き抜ける地中海の風の中へ――今日もこの世界に吹き渡る〝神の恩寵の風の中へ――ご一緒に旅をしてみましょう！

（神戸改革派神学校校長）

目次

第Ⅱ部

終部

エピローグ

鈍《おそ》くあなたを愛してしまった。
なんと古く、なんと新しい美よ、
鈍くあなたを愛してしまった。

見よ、あなたは内にあり、わたしは外にいて、そこにあなたを欲していて、
あなたが創造された端正な美の中に、
醜悪な姿をねじ込んでいた。

あなたは、わたしと共にあり、
しかしわたしはあなたと共にいなかった。
あなたの中に存在しなければ、存在しないものが、
わたしを捕らえ、あなたから遠ざけていたのだ。

あなたが、呼び、叫び、
　わたしの耳の壁を突破してくださった。
あなたが、閃き、輝き、
　わたしの目の闇を吹払ってくださった。

あなたが、芳香を放たれ、わたしは呼吸した。

そうして、あなたを喘ぎ求めた。

わたしは、あなたを味わった。

そうして、渇望し、希求した。

あなたが、わたしに触れてくださった。

そうして、あなたの平和に焦がれたのだ。（『告白（*Confessionum libri tredecim*）』一〇・二七・三八）

「アウグスティヌス関連地図」
宮谷宣史『アウグスティヌス』(清水書院、2013年)より

第Ⅰ部

わたしは人間の意志の自由な選択のために懸命に励んだ、しかし、神の恩寵が勝利した。

（『再考録（*Retractationum*）』二・一・一）

1　言葉は恩寵をまとい

四三〇年八月一四日。

地中海の潮の匂いを運ぶ風が、同時に不快な喧騒の音をも運んできていた。ヘラクリウスは足早に歩を進め、その先に、ようやく目的の人物を見つけることができた。

――ポシディウスさん。やはり、ここでしたか。どうですか、先生のご様子は。

――ええ。

そう発せられた言葉にはひどく暗い響きがまとわりついていた。その類の暗さは、この三カ月の間に、随分と身近なものになっていたはずであるのに、それが自分の内側から発せられたという事実に、ポシディウスは苦い戸惑いを覚えた。あたりの空気がまた一つ重さを増したようだった。

夏の暑さのせいだけではない汗が、ポシディウスの額に滲む。その汗に大きな意味を持たせまいと、ポシディウスは閉ざされている扉にじっと目を注ぎ、そうすることで不安にあえぐ、自分の心に抗おうとした。しかし、その扉もまたひどく疲れを帯びているように見えた。

扉の向こう側では、ヘラクリウスが「先生」と呼んだ老人が横になり、壁に貼られたダビデの詩編を指でなぞっている。老人の目には涙が、その口には祈りの言葉が途切れることなく発せられ続けていた。

主よ、御もとに身を寄せます。
とこしえに恥に落とすことなく
恵みの御業によってわたしを助けてください。
（詩三一・二）

ポシディウスの胸は鈍く痛んだ。しかし、やはりその痛みの理由を、彼は誰にも、自分自身にもはっきりと認めさせたくなかった。

後に、「ゲルマン民族の大移動」と称される新しい時代の潮流がヨーロッパ大陸、そしてここ北アフリカの地をも呑み込んでいた。そうして、時代は古代から中世への歩みを進めていく。

かつて、広大な領域に「平和」を創出したローマ帝国は、今、その「平和」が破壊されていく目撃者とならなければいけなかった。しかも、そこで目撃される破壊の多くは、かつて「平和」を創り出すために、帝国が手をかけ、利用さえしたゲルマン民族の軍事力、その荒れ狂う力によってもたらされていくものだった。ここに至っては、帝国は自らを破壊するために、その力を増長させたと言えなくもなかった。そして、そのような皮肉を笑い飛ばし、乗り越えていくだけの余裕をもはや帝国は持ち合わせていなかったのだった。

今、思い返しても生々しい、あの四一〇年の夏。「永遠の都」と謳われたローマは、ゲルマン民族の一つ「西ゴート族」による掠奪を受けた。およそ八〇〇年間にもわたり、外部からの侵入を許さなかった都ローマのあっけない陥落は、その被害の規模や、三日間という期間以上に、世界に深刻な衝撃を与えるものだった。その一報を受けたヒエロニムス――彼は、当時、ベツレヘムにいた――は「世界の燈台は消えた」と言葉を地に落とし、「ローマの滅亡はやがて全人類の滅亡に繋がる。どこを見ても悲痛。どこを見ても悲嘆。至る所に死の面影がある……」と全身で嘆いたのだった。

ローマの栄光は崩れ去った。

それから二〇年の時を経て、ここ北アフリカの港町ヒッポ・レギウス（現在のアルジェリア・アンナバ）にも荒れ狂う力は手を伸ばし、街を取り囲むに至った。この地に辿り着いたのは、「ヴァンダル族」と呼ばれる人びとであった。彼らはヒスパニア南部（現在のスペイン）からジブラルタル海峡を渡り、北アフリカの地を踏んだ。そして、たちまちのうちに大地を赤く染め上げたのだった。彼らの進みゆくところには凄惨な光景が広がり、人々の悲鳴は途切れることがなかった。街は廃墟とされ、命を地上に繋ぎとめた人びとも各地へ離散していくことを余儀なくされた。

教会も、賛美をささげる会衆も、人びとの目からは消え去った。北アフリカ中に嘆きの声が満ちた。ヴァンダル族がその標的をヒッポに据えた時、残された北アフリカの他の都市はカルタゴとキルタだけになっていた。

そして、ここヒッポの陥落ももはや時間の問題であることは、誰の目にも明らかであった。

床に伏せる老人もまた地上における最期の時を迎えようとしていた。それは、永遠に憩う生への階段を昇り始めているということでもあったのだけれど。

生の終わりと始まり。それは厳粛で、眩い、時の交錯であるはずであった。しかし、老人の心は辛く、痛く、目から熱い涙が渇くことはなかった。頰についた涙の筋は、老人の前を通り過ぎて行った人びとの葬列を思わせた。

壁に貼られたダビデの詩編、その言葉が、老人の涙と混じり合い、彼の祈りとなっていく。

主よ、憐れんでください。
わたしは苦しんでいます。
目も、魂も、はらわたも、
　苦悩のゆえに衰えていきます。
命は嘆きのうちに
年月は呻きのうちに尽きていきます。
（詩三一・一〇、一一）

ひとつ祈りの言葉を重ねる度に、涙は熱を増していく。

老人の名前はアウレリウス・アウグスティヌス。齢は七六を重ねていた。そのおよそ半分となる三九年の時を、彼は牧者として、人びとと共に祈り生きた。「聖書に記された神の言葉を聞くとともに、心に刻むようにさせるのがわたしの務めだった」（『神の国』二二・八・二三）という自覚と共に。

今、その大地が、慈悲もない暴力によって荒らされていく。御言葉が蒔かれ、神の恩寵に潤いを見せた大地が根こそぎ掘り起こされていく。教会は焼き払われた。笑う人びとはいなくなった。あの人も、この人も、音信は途絶えてしまった。ただ、無惨な土のかたちだけが残されていく。

老人は、自身の無力さを覚えずにはいられなかった。


当初、北アフリカの人びとはどこか楽観的であったかもしれない。ローマ掠奪は文字通り「対岸の火事」であり、北アフリカは大陸の避難民を受け入れる逃れ場であった。しかし、ローマの軍事教育を知るヴァンダル族の勢いは凄まじく、逃れ場が脆く崩されるのに、多くの時間は要しなかった。たちまちのうちに、北アフリカのどこを探しても、安住の地はなくなった。

人びとが危機を覚えた時にはもう手遅れであった。その前に逃げられる人は逃げていた。血縁を頼り、知己を尋ね、財を使い。しかし、逃げられない人びとが多数いた。貧しき人びと、弱き人びと、逃げる気力を失っている人びと、そして、自らの意志で残る人びと……。

アウグスティヌスもまた判断を迫られた。

しかし、彼が迷う素振りをひと欠片でも、少なくとも周囲に察せられるかたちで見せたことはなかった。

老人はただ、残された人びとと共に在ることを願い、ヒッポに留まることを選んだ。

ポシディウスもそうだった。

また、ポシディウスには根拠のない、そして、この状況では冗談にもならないような希望を抱いていた。

――アウグスティヌス先生がここにおられる限り、ヒッポの街は陥ちないのではないか。

2　心を強くせよ、主を待ち望む人はすべて

四三〇年八月一四日。

北アフリカの港町ヒッポは、「ヴァンダル族」の包囲を受けていた。そのなかで、司教アウグスティヌスは最期の時を迎えようとしていた。長くアウグスティヌスと働きを共にしてきた〝弟子〟のポシディウスは、アウグスティヌスとの出会いへと思いをはせていく。

「神の人」と呼ばれたアウグスティヌス。彼が語る神の言葉に、ヒッポの人びとは、神が自分たちと共にある平安を抱くことができた。アウグスティヌスがあり続ける限り、ヒッポの街は守られているのではないか。今もポシディウスはそう思っている。楽観的に。

しかし、ただ……、とも思う。アウグスティヌスが最期の時を迎えようとしている。その事実の色彩が、楽観に浸れば浸るほどに彼の心の内に暗く濃くなっていくのだ。アウグスティヌスの最期、そしてヒッポの最後。いずれにも、ポシディウスは、これまでにはない、より鮮明なリアリティを見ざるをえなくなっていた。そして、なぜ、自分はこんな大変な時代のなかにいるのだろうか、と心を波立たせずにはいられなくなっていた。

その刹那だった。一筋の風がポシディウスの額の汗を撫でた。心も撫でられた気がした。そうして、

彼はいつしかの礼拝のなかで語られたアウグスティヌスの説教を思い起こす。
その説教を、ポシディウスは直接、アウグスティヌスの声を通して聴いたのか、あるいは、文字に起こされた言葉を見たのか。おそらく文字としての言葉を見ただけであるはずだった。なのに、今、彼の心に響く言葉は、アウグスティヌスの声を通してのものだった。

悪い時代、苦労の多い時代だ。人々はそのように言うのです。良く生きましょう、そうすれば時代は良くなるでしょう。わたしたち自身が時代なのであります。わたしたちが在るように、時代があるのです。

（『説教』八〇・八）

アウグスティヌスが語った言葉は、ポシディウスの内側に種として蒔かれていた。そして、今、心のざわめきを養分とし、小さな、しかし凛とした勇気の芽を息吹かせていく。それから、その芽が次の芽の誕生を促し、かつて彼が触れた言葉を、新鮮さを掘り起こしながら、次々と思い起こさせていく。彼は、その言葉を追いかけるように、辿るように口にしていく。今、アウグスティヌスの言葉が、ポシディウスの言葉になっていく。その言葉が、彼に今を生きさせる。

わたしたちの主なる神にわたしたちの嘆きを吐露しましょう。善なるものに達するために、諸悪に耐えようではありませんか。……主は愛なるお方であるからです。主がわたしたちを支え運んでくださっているのでありまして、わたしたちが彼を支え運んでいるのではありません。主はご自分の創ったものをどのように司るかを知っておられるのです。ですから、主が命じることを行ないなさい。そして、主が約束された事柄を待ち望みなさい。（『説教』八〇・八）

ポシディウスはなおも閉ざされたままの扉に目を注ぎ続けていた。ヘラクリウスはその理知的な眼差しをポシディウスと扉との間に何往復かさせた後で、空を見上げた。よく晴れた夏の空だった。教会の屋根の上では、灰色の鳥が甲高い鳴き声を奏でながら、佇んでいる。閉ざされた扉の向こう側からは、祈りの言葉が聞こえ続けていた。その狭間に、老人が流す涙がひと滴、ふた滴、地面に落ちる音が聞こえた。その音が確かに、ポシディウスには聞こえた。それは永遠から発せられた音であるように、彼には思われた。そして、その音が、彼の心を過ぎ去らない過去へと向かわせるのであった。

主の慈しみに生きる人はすべて、主を愛せよ。
主は信仰ある人を守り
傲慢な者には厳しく報いられる。
雄々しくあれ、心を強くせよ
　主を待ち望む人はすべて。（詩三一・二二―二五）

ポシディウスは、アウグスティヌスの姿を初めて見た日のことを思い出す。そう、あれはもう四〇年も前のことになる。そこから、幾つもの日々が流れ過ぎていった。一人のひとの生涯にとって、決して短くはないその時間の経過を、ポシディウスは陽に焼け、しわが刻まれた自身の手の甲を見つめながら思う。そして、そう、それは決して晴れやかな始まりではなかった、と口にしてみるのだった。

＊　＊　＊

三九一年一月、ヒッポの礼拝にて。

――アウグスティヌスを司祭に！　アウグスティヌスを司祭に！

熱狂の声が礼拝堂の壁という壁にぶつかり、反響し合いながら、大きな渦を作り上げていた。その渦は、たちまちのうちに、礼拝堂入口近くに立っていた、一人の男を呑み込もうとしていた。

その光景を、ポシディウスは、会堂の一番うしろの壁にもたれかかりながら、冷めた目で眺めていた。そういう目で見ていたからだろうか。ポシディウスは、その男の背中に、はっきりとした動揺の色を読み取ることができた。

――アウグスティヌスを司祭に！　アウグスティヌスを！　我らの！　司祭に！

人びとの声は、熱を帯びていく。男はもうその場にうずくまってしまいそうだった。寸前のところで、そうならなかったのは、男が強引な手に引っ張られ、一段高くなった司教の座席の前に押し出されていったからだ。

男が連れていかれた、その所にはヒッポの教会の老司教ワレリウスの微笑みがあった。

このワレリウスという人物。気のいい好々爺然とした風貌をしていて、皆からは、親しみを込めて「老司教」と呼ばれていた。けれども、実際のところ、ワレリウスの年齢を正確に知る者はいなかった。ある人はもう七〇歳を越えているはずだと主張したし、他のある人は、いや実は見た目よりもまったく若くて、まだ五〇歳を越えたばかりだと噂したりもしていた。

司教としての彼に対する眼差しも様々であった。とにかく小さいことは気にしない、たいがいのことは何とかなると思っているワレリウスを、ある人は一緒にいると安心感があると誉め称え、ある人は努力をしない不真面目な人間だと憤っていた。

それでも、ワレリウス自身は人の評価など、どこ吹く風というように、いつもニコニコと微笑みを絶やすことがなかった。真面目な雰囲気の中に身を置いている時にさえも、彼の顔には笑みが揺れていたので、その本心を、彼の表情から窺い知りえる者はヒッポにひとりもいなかった。

このワレリウスが実はひとつの弱点を抱えていたのである。それがアウグスティヌスをヒッポへと結びつけ、司祭、司教としての長い旅へ連れ出すことになった。

※『説教』は、『アウグスティヌス著作集22』（教文館、二〇〇一年）から引用。

3 あなた自身の中に帰れ

ポシディウスの記憶は、アウグスティヌスとの出会いに向けられる。アウグスティヌスはいかにして、自らは望むことのなかった聖職者と呼ばれる職務へと召されることになったのか。

三九一年一月。

ヒッポの老司教ワレリウスの心には、一つのとげがささったように、気にかかっていることがあった。それは、自身のラテン語のまずさであった。

言葉が司教の生活を成り立たしめるものであったはず。けれども、ギリシア世界で長く育った彼はラテン語を巧く使いこなすことができないでいたのだ。それは端的に礼拝の場において問題になった。特に、説教において。ワレリウスの語り口には、いつもたどたどしさがつきまとい、しかも残念なことに、それが、彼の「味」とはならず、単に礼拝の不調和を生み出すだけであったから、これには、さすがのワレリウスもひと時、頭を抱えないわけにはいかなかった。

しかし、そこはやはりワレリウス。自分で流暢なラテン語を習得することには早々に見切りをつけ、ラテン語を巧みに扱えて、自分の代わりに説教をすることができる人物を探すことにしたのだった。

――あきらめが肝心。できないことを悩むよりも、できる人が与えられるように、祈り求めようではありませんか。

一点の曇りもない笑顔で、ワレリウスにそう言われると、ヒッポの人たちも、それはそうですねと納得し、共に祈り始めるのだった。

一事が万事、そのような調子であるので、ワレリウスが何年経ってもラテン語や、ヒッポで昔から使われている言語であるポエニ語をよく理解することができなくても、そのことを取りたてて嘆く者もいなかった。必要とあれば、そこに通訳者が一人いればいいだけのことである。道端でワレリウスに会い、ひと言、ふた言、頂きながら、その微笑みの近くに身を置くと、ヒッポの人たちは、「ありがたや」と手を合わせたい気持ちにさせられた。そして、ワレリウスに会えた、その日は、何かいいことがありそうな気分にもなった。ワレリウスはそういう人物であった。

ただ、それでも、人びとは求めずにはいられなかった。神の言葉の響きを。ワレリウスの言葉につきまとう「借り物」のような遠い言葉ではなく、近く迫ってくる神の言葉の響きを。よき説教者を！　よき司祭を！　それは、いつしかヒッポの教会全体の心からの祈りとなっていた。

その祈りが、アウグスティヌスを再び北アフリカへと引き寄せたのだろうか。人は、時に、その人自身の意志や希望とは関係なく、大きな力で一つの場所に手繰り寄せられることがある。

ちょうどその頃、アウグスティヌスは、ローマからカルタゴを経て、彼の故郷タガステに戻ってきていた。そこで、父の財産を処分し、祈りと観想の生活を数人の仲間たちと共に始めていた。透徹した静けさを求めていた。自身の内側にささやきかけられる神と対話し続けるために。

外に出て行くな。

あなた自身の中に帰れ。
真理は内的人間に住んでいる。
（『真の宗教（*De vera religione*）』五・三九・七二）

この時代、「神の僕たち（Servi Dei）」と称される一群があった。それは、静謐な時の刻みを愛し、祈りと聖書研究に身を献げて生きる人たちであった。その一粒として、アウグスティヌスは残りの生涯をささげるつもりでいた。それが彼の望み選んだ道であった。

だからこそ、どのような人に会うか、どこに赴くかについて、アウグスティヌスはその頃、過敏なほどに慎重になっていた。新しい生活が脅かされないために。

「神の僕」のもとには、直接に、間接に、多種様々な願いが届けられた。聖書の教授依頼。祈禱依頼。そして、司教や司祭への就任要請、等々。

アウグスティヌスは、聖書教授と祈禱の依頼については、自身の身と魂をすり潰してでも丁寧に応えた。しかし、教会の職務に身を置くことについては激しい拒絶反応を示した。その生活は彼から澄んだ静けさを奪っていくように見えたから。

ゆえに、アウグスティヌスは、出席する教会も慎重に慎重を重ねて選んだ。司教がいない「無牧教会」には決して足を向けなかった。

当時、教会の牧者の指名は、信徒によってなされた。しかもそれは突然に、強引にということもしばしばであった。アウグスティヌスはその危険を知っていたからこそ、司教がいない教会へは決して近づかなかったのだ。牧者たちが抱える雑務のひどさと多さ、その喧騒とを、とにかく彼は背負いたくなかった。しかし、その点、ヒッポの教会は大丈夫である、はずであった。ヒッポには、老司教ワレリウスがいたからである。

＊　＊　＊

春を目指す香りが萌え立つ、雲多き朝。アウグスティヌスは安心して、ヒッポの教会の礼拝に出席していた。アウグスティヌスは知らなかった。ワレリウスらが新しい司祭を求めていたことを。その情報は伏せられていた。

その時、アウグスティヌスはヒッポにも祈りの生活の場としての修道院を建てられないかと、街とその周辺の様子を調べていた。そして、ヒッポで友人に会う約束があったことも重なり、その街を訪ねることにしたのだった。

たちまちに、その知らせがヒッポを駆け巡る。

あのアウグスティヌスがヒッポにやって来る！

その知らせを手にしたワレリウスは、両手を天に広げ、神に感謝をしたかと思うと、すぐに腕を組み、策を練り始めた。

――アウグスティヌスは、かつてローマ皇帝の前で讃辞の詩を朗読したこともあるほどのラテン語の使い手と聞く……。タガステ出身の彼は、当然、ポエニ語も理解し、話すこともできる……。なるほど、なるほど。神は備え給うた。さて、どのようにして……。

考えを巡らせるほどにワレリウスの笑みを形づくる皺が一つ、また一つと刻まれていった。そして、その日のうちに、ワレリウスからの伝言がヒッポの街を駆け巡った。

迎えた朝。いつものように、聖壇に立ったワレリウスは、礼拝堂を見渡し、その入口近くに、いつもは見かけない男がひとり立っているのを見つけた。ワレリウスの目尻が絞られる。誰も気付かないほどの微細な変化でもって。

ワレリウスは時を逃さない。強行突破。彼は説教を始めるや否や、すぐにこう切り出した。

——愛する兄弟姉妹たち。ついに、神は祈りを聞き給うた。我らは新しい司祭を必要としている。さあ、兄弟姉妹たち、ふさわしい人物を指名してほしい。

ワレリウスの口からにしては不自然とも思えるほどの流暢なラテン語が流れる。人びとは待っていましたとばかりに歓声をあげた。

——アウグスティヌスを司祭に！　司祭に！

唐突な事態に、アウグスティヌスの身体からは力が抜け、目からは涙がこぼれ落ち、肩が震えてくる。何が起きているのか受け止めきれなかった。けれども、自分がこれからどうなるのかを、彼は強烈な鮮明さをもって想像することができた。

——アウグスティヌスを司祭に！　司祭に！

歓声が大きな渦となってアウグスティヌスを呑み込んでいく。その背中を、その時にはまだ洗礼を受けていなかったポシディウスが礼拝堂の一番うしろの席から眺めていた。

※『真の宗教』は、『アウグスティヌス著作集2』（教文館、一九七九年）から引用。

4　今日こそ主の御業の日

三九一年一月。

ヒッポの教会の礼拝でアウグスティヌスは、突然、会衆から「アウグスティヌスを司祭に！」という指名を受ける。その重大さと予期せぬ事態に、アウグスティヌスはうろたえる。が、彼を呑み込む大きな歓声の渦に抗うことができないまま……。

——アウグスティヌスを司祭に！　司祭に！

最初、不調和に放たれた熱狂の声は瞬く間に均質な音の壁となり、アウグスティヌスの退路を塞いだ。

講壇に立つワレリウスの目尻がさらに絞られる。

その時、アウグスティヌスの斜め後ろに立っていた男がずいぶんと親しげな口調で話しかけてきた。

——よく帰ってきたなあ。随分、偉くなって。この教会の司祭というのでは、お前にとっては役不足かもしれないけれど、まっ、お前なら、すぐにあの老司教の後任になれるよ。

どうやら、アウグスティヌスの「昔」を知っているらしい、その快活な声の持ち主は、自身の言葉の途中から、アウグスティヌスの震える肩を暴力的とも思える力で押さえ、人びとの間へと引っ張っていった。

——アウグスティヌスを司祭に！　司祭に！

屠り場に連れていかれる小羊さながらに、アウグスティヌスは、目を輝かせて喜ぶ人びとの間を縫いつつ押し分けつつ引っ張られていった。礼拝堂の最前方へ、ワレリウスの揺れる微笑みが待つ、その場所へと。

ワレリウスは大袈裟なほどに両手を広げ、言った。

——さあさあ、アウグスティヌスさん、共に、神と教会に仕えましょう。よいですね。

アウグスティヌスは頬をつたう涙をそのままに、ワレリウスの言葉に頷いた。一度、放たれた「司祭に！」という言葉から逃げてはいけないし、逃げられないのだから。その控えめな、しかし確かな意志のあらわれとしての頷きを確認したワレリウスは詩編の一節を高らかに、また滑らかに朗読をした。ここに新しい司祭が誕生した、というひと言を付け加えて。

今日こそ主の御業の日。
今日を喜び祝い、喜び踊ろう。
（詩一一八・二四）

人びとはさらなる歓喜の声を上げ、隣の者同士が手を取り合い、飛び跳ねた。
その一部始終を遠巻きに眺めていたポシディウスは大きく息を吐き残し、会堂の外に出た。その姿をじっと追いかける眼差しがあったことを当然、知らないままに。

鈍色の空からは、今にも雨の滴が落ちてきそうだった。湿った空気がアウグスティヌスの震える肩を思い起こさせた。

そう、それは決して晴れやかな始まりではなかった。

＊　＊　＊

――アウグスティヌスさん、お働きはいつからにしましょうか。

アウグスティヌスが、ヒッポの教会の司祭へ任じられた直後のこと。ワレリウスは、目を紅く充血させた新司祭に揚々と問いかけていた。

――少しだけ、お時間を頂けないでしょうか。今、住んでいるところの整理もありますので。

絞り出すように声を発する困り顔の新司祭。一方、返答する司教の声は底抜けに明るい。

――もちろんですよ、ええ、ええ、もちろんです。今のお住まいはタガステにありましたね。では、すぐに帰ってきてくださいね。

ワレリウスは何でも知っている。が、そのワレリウスに、どこまで自分の困惑が伝わっているのか。アウグスティヌスは不安を覚え、念のため、ヒッポを後にする際、幾人かの人に伝言を託すことにした。しばらく司祭の働きをするための準備をしたいと願っていること、その他に幾つか気になっていることも併せて。

それから数日後、屈強な体格をした男たちが二人、三人と現れ、えっさほいさと四角く切られた石を積み上げていくうちに、簡素であるけれども淑やかな建物ができあがった。ヒッポの人たちが目にしえたのは、もう建物ができあがってしまった後、その壁をぽんぽんと満足気に叩いているワレリウスの後姿だった。この建物が誰の指示によるものなのかは明らかだった。

そこでヒッポの人たちは、驚くでもなく、怒るでもなく、「きれいなものができましたね」と、新しい建物を見上げるのだった。なかには、「また勝手なことをして」とつぶやく人もいたけれど、その人にしても、そう言うことをいつもの習慣として楽しんでいる節があった。

こうしてヒッポの教会の庭に面するところに、幾人かの人間が寝泊りできる「家」が出現することになった。そうして、それは「修道院」と呼ばれるものらしいと、人から人へといつの間にか伝わっていくことになった。

＊　　＊　　＊

アウグスティヌスの故郷タガステは小鳥のさえずりが美しく聞こえる町だった。町からは、平原と丘陵を覆うオリーブの林が見渡せ、そこで採られた油はランプに注がれ、人びとの夜の読書を助けた。谷の方に目をやると小麦畑が広がり黄金の色を輝かせていた。辺り一帯は、ローマ帝国随一の穀倉地として知られていた。

この故郷にアウグスティヌスは戻り、地上の最期の日までを過ごすつもりでいた。気の置けない仲間たちと共に、静謐に浸り、神を観想し生きるつもりでいた。しかし、その道は閉ざされた。神と人との間に、その恵み深い喧騒の中へと引きずり込まれたのだから。

アウグスティヌスはタガステの「家」に帰り、大きく息を吸い込むと、幾分、落ち着きを取り戻せたように思えた。その「家」とは彼の生家ではなく、仲間たちと共に住む「修道院」のことである。アウグスティヌスは待ち構えていた友人らへの挨拶もそこそこに自室の椅子に座り、一人となり、手紙を書き始めた。ヒッポの司教ワレリウスに宛てた手紙を。やはり自分の言葉で伝えておくべきだと思ったのだ。

主の御前に心からの愛をもって愛すべき父なる司教ワレリウスに司祭アウグスティヌスが主にあって、ご挨拶いたします。

何よりもまずお願いしたいことは、司教様の信仰あつい御賢慮を、この際ぜひともいただきたいということであります。と申しますのは、司教や司祭や助祭の職務は、もしお座成りでしかも迎合的な仕方で行われます場合には、この世で、またとくに今の時代に、これほど安易で、楽しく、人々の気に入られるものはありませんが、神の御目から見ると、これほど悲惨で、嘆かわしく、忌むべきものもありません。反対に、司教や司祭や助祭の職務ほど、この世で、またとくに今の時代に、困難で、苦労が多く、危険に満ちたものはありませんが、われらの司令官の御命令のままに務めますならば、神の御目から見て、これほど祝福に満ちたものもありません。

（『書簡』二一・一）

アウグスティヌスは、ワレリウスに何を伝えようとしているのか。

※『書簡』は、村川満『ウェストミンスター信仰告白研究――アウグスティヌスとカルヴァンを神学的源流として』(一麦出版社、二〇〇八年)所収の「アウグスティヌス　教職への召命――『書簡』21を中心として」から引用。

5　低く、低く、天に飛翔する

タガステの「家」に一時、帰宅したアウグスティヌスはひと息つく間も惜しんで、ヒッポの老司教ワレリウスに手紙を記す。

三九一年の寒い朝に。

時は「キリスト教時代(Christiana tempora)」を迎えていた。三一三年、「ミラノ勅令」がローマ皇帝コンスタンティヌスとリキニウスとの連署で発布されたことにより、キリスト教はローマ帝国の公認を受け、迫害の時代は概ね終わりを告げた。さらに、帝国がキリスト教国教化への動きを加速させることで、教会とキリスト者を取り巻く状況は目まぐるしく変化していった。キリスト者であることが社会的に有利に働くようになり、教会には多くの人が群衆となって溢れるようになった。おのずと教会の働き人たる司教、司祭には名誉が付され、人びとからは敬意が向けられるようになった。しかし、その敬意を帯びた視線こそ、アウグスティヌスがひどく恐れたものだった。もちろん、人びとが司祭に対して複雑な視線――妬み、疑い、蔑み、品定め……――を向けていることを彼は知っていた。それでも表面的には敬意に満ちた視線を浴び続けたならば心に傲慢の芽が吹き出すことは避け難い。

アウグスティヌスはひとつの物事を誠実に考え、そうしてその時点で辿り着いた考えを自分の身に突きつめて課すタイプの人間だった。

彼は自分が錯覚することを恐れた。自分は偉い者であると。能力を備えた者であると。結果、目の前に相対する人たちを低く見積もり始めるのではないか。それは、その人たちを愛する神の想いを低く見積もることを意味した。傲慢は神を見失わせる。その恐怖こそが、ヒッポで司祭に任じられた際、アウグスティヌスに涙を流させたものの正体だった。彼はひとりのキリスト者であり続けたかった。目が濁った司祭たちを、幾人も見てきたから。しかし、引き返す道はもう閉ざされている。であるならば、吹き出す傲慢の芽に抗する術を身に付けなければいけない。神と人とを侮らない教会の働き人であり続けるために。自己と他者の幾多もの罪を精確に取り扱うために。

しかし、どうすればいいのか。彼は教会の務めを果たすための基礎的な訓練を受けたこともなければ、模範とするべき司教と司祭の背中も知らないのだった。

わたしは、その務めをどんな風にすればいいのかにつきましては、少年時代からはもちろん、青年時代からも、全然学んでいないのです。

（『書簡』二一・一）

アウグスティヌスは幼き頃のことを思い出す。いつも母に手を引かれ通ったタガステの教会。そこで「しきょう」とよばれていた「おじさん」の話は長く、凡庸で退屈だった。とても優しい人ではあったのだけれど。

アウグスティヌスが教会の働き人として最初に強く意識した人物は、ミラノの司教アンブロシウスだった。その説教者をアウグスティヌスは尊敬していた。しかし、その人はいつも忙しそうだった。アウグスティヌスの瞼の裏に残像として残るアンブロシウスは高い講壇で説教をしているか、あるいは激務の疲労を身に漂わせながら、一心に読書をしているか。いずれにせよ彼との間には距離があった。アンブロシウスが司教として、何に苦心し、何を喜びとしていたのか。その背中は遠く記憶の海の向こうに霞んで見えなかった。

アウグスティヌスは一度、手紙を記す手を止め、息を吐いた。

机の上には文章の断片が幾つもの紙片となって折り重なっていた。その中の一枚を、手に取る。その紙片は、先ほどから机の端で彼の注目を待っていたようでもあった。

地上における彼（キリスト）の全生涯は、身をひくくして引き受けた人間性を通して、生き方を教えることであった。

（『真の宗教』二・一六・三二）

それはつい先日、彼自身が書いたものであったけれども、この状況においては、新鮮な響きをもって、彼を聖書の一節へと促した。

キリストは、神の身分でありながら、神と等しい者であることに固執しようとは思わず、かえって自分を無にして、僕の身分になり、人間と同じ者になられました。人間の姿で現れ、へりくだって、死に至るまで、それも十字架の死に至るまで従順でした。

（フィリ二・六―八）

アウグスティヌスは聖書に刻まれた一文字ひと文字に掌をあててなぞった。するとようやく呼吸が整い、生きた心地がした。キリストの生き方、そこに背中がある。
アウグスティヌスの手が再び動き始める。

神がこうなさったのは、わたしを罪に定めようとしてではなく、わたしを憐れんでくださったのであるといたしますならば、――今は自分の弱さを悟っておりますので、確信をもってそう考えておりますが――わたしのなすべきことは、神の与えてくださった聖書の中にあるすべての治療法を隈なく捜して、祈りと学びによって、これほど危険に満ちた仕事に当たることのできる力が、自分のたましいに与えられるように努めることだと思います。

（『書簡』二一・三）

アウグスティヌスは率直に自身の弱さを認め、その弱さから始められる人であった。それは彼に与えられた最も美しい賜物のひとつだった。弱さはそれと向き合い、乗り越えてゆこうとする時に、その人を支えるものとなる。推進力とさえなり得る。

主ご自身が仰せになるように、求め、捜し、門をたたくこと、つまり、祈り、学び、胸を打つこと以外に道はないではありませんか。

(『書簡』二一・四)

アウグスティヌスは、自身の弱さを翼に、キリストの謙遜を風にして、心を天へと跳躍させる。それが神と交わる祈りとなり、聖書の学びとなる。そして、胸を打ち、罪に痛み、神の憐れみを求める営みを生み出す。その絶え間のない繰り返しと調和が、彼の生涯の基調となっていく。これから幾度も流す涙のために、その覚悟のためにこそ、アウグスティヌスは今なお、しばらくの時間を必要とした。

そこで、このことを実行するために、少しばかりの時間――できれば復活節まで――をわたしにくださるように、あなたの真実この上ない、尊い愛におすがりして、前には兄弟たちをとおしてお願いいたしましたが、今またこうして直接お願いする次第です。

(『書簡』二一・四)

手紙を受け取った司教の返信は速かった。

――神の御心のままに。あなたが願うままに。

※『真の宗教』は、『アウグスティヌス著作集2』から引用。『書簡』は、村川満『ウェストミンスター信仰告白研究』所収の「アウグスティヌス　教職への召命――『書簡』21を中心として」から引用。

6　曲がりくねった道

三九一年二月。

二月の風は冷たかった、そのように感じられる風が、温暖な地中海性気候を享受する北アフリカにも、時折、吹くことがあった。

少し時は遡る。アウグスティヌスが、司祭就任騒動を経てタガステの「家」に戻り、幾つかの日にちが経過した頃、ヒッポの教会の前に立っていたポシディウスが、ワレリウスの手招きに促されるまま、司教の執務室に通されていた。

――ポシディウスさんでしたね。

――えっ、ええ。

ポシディウスの声がうわずる。まだ洗礼も受けていない自分の名前が知られていることの驚きに。

しかし、そのことにワレリウスが構う様子はなく、そのまま更なる言葉を重ねてくる。

——あなたにお願いがありましてね。えっと、ええ、この手紙を司祭のアウグスティヌスさんに届けてください。タガステまでひとっ跳びに。

ヒッポからタガステ……。その距離を考えるポシディウスの手には、もうワレリウスの手紙が手渡されていて、外からは馬の嘶きが聞こえてきたので、窓の方に目をやると、立派な馬車が用意されているのが見えた。

——ささっ、よろしくお願いしますよ。

そう言って、ワレリウスはポシディウスの背中をポンっと押した。それから、その背中に、ひと言のつぶやきを贈った。

——あなたは若い。あなたにはいろいろな道が見えている。まっすぐな道、曲がりくねった道。それはなんと幸いなことか。なんと苦痛に満ちたことか。

えっ、とポシディウスが振り向いた時には、もうワレリウスの姿はなかった。

こうして、ポシディウスはアウグスティヌスに会いに行くことになる。その出会いが彼の生涯を大きく変えていくことにもなる。

タガステへの道の途上、ポシディウスの心の空に浮かんでいたのは、アウグスティヌスの震える肩だった。司祭への就任を求める熱狂の渦のなかで、あの人は何を考え、何を悲しみ、いや恐れていたのか。遠く見つめた曇り空のなかに、ポシディウスは問いを漂わせるのだった。

*　　　*　　　*

この季節の雲は薄く、白いヴェールのよう。

アウグスティヌスは自室の小さな窓から見える淡い雲を愛した。時と共に消えゆく様が、彼の心を優しく撫でてくれるようだったから。そのささやかな風景への愛しさは、この地を去る時を固く見据えるほどに増した。

アウグスティヌスは、自身の思いを記した手紙をヒッポのワレリウスに送ってから、一日の大半を自室で過ごしていた。

「祈り、学び、胸を打つこと以外に道はない」（『書簡』二一・四）と決意をしたアウグスティヌスの目に、世界の色彩はどのように映っていただろうか。神が、善きものとして創造されたこの世界の色彩は。

＊　　＊　　＊

灰白色の壁と紙片散乱する机の上。

アウグスティヌスは、自分の手のひらを見つめてみる。何もない手のひらを。彼は何も持っていなかった。何ひとつとして。そう、彼が見つめていたのは、自身の手のひらではなく、むしろ彼の手にかたちとしては何も残されなかった、ひとつひとつの記憶のかけらだった。

脳裏によぎる声がある。

三八五年春、アグスティヌスはミラノにいた。

修辞学教師として名を馳せていた彼はローマ社会における成功への階段を着実に駆け上っていた。そして、さらなる栄光の扉が、彼の前に開かれようとしていた。

しかし、そのためには最愛の女性との別れを経験しなければいけなかった。

その女性に、アウグスティヌスが出会ったのは北アフリカの大都会カルタゴという街においてであった。当時、帝国の西側において、ローマに次ぐ規模を誇っていたカルタゴは妖しげな美しさに彩られていた。

強い光を浴びるその街並が、田舎町から出てきた青年アウグスティヌスに甘美と孤独とを教えた。アウグスティヌスはそのいずれからも逃避することで、いずれにも魅かれ、堕ちていく。

彼女は美しかった。カルタゴの街が放つ妖艶さではない、闇の中にゆらめく灯のようにひっそりとしていて、心を優しくあたためてくれる美しさ。それでいて、アウグスティヌスが育ったタガステの空の青さのような、そういう透き通った心を持った人。

二人はすぐに恋に落ち、生活を共にし始めた。翌年には、一人息子となるアデオダトゥスが生まれる。以来、およそ一四年間にわたって、二人は居を共にし続ける。カルタゴからローマへ、そしてミラノへと、アウグスティヌスの傍らにはいつもその女性がいた。彼女がローマの市民権を持っていなかったために、二人は正式な婚姻関係を結ぶことができなかったけれども、二人は「事実上の夫婦」として、同じ時を刻んだ。当時のローマ社会にあって、それは決して珍しいことではなかった。

それでも、その関係はいつも危機と隣り合わせで、不安定さがつきまとっていた。互いが互いを想う気持ちしか二人を守るものがなかったから。

最も分かりやすいかたちで二人の関係に反対していたのはアウグスティヌスの母モニカであった。母は息子の更なる成功を願い、アウグスティヌスに正式な、しかも出世の足がかりとなるような結婚を望んでいた。良家の息女との結婚である。

モニカは母親としての愛と自身の信念を織り交ぜるようにして、二人の関係に眉をひそめ続けていた。それが彼女にとっての善であった。

別れはゆるやかに、それでいて唐突にやってくる。モニカは何かに弾かれたように動いた。ある日、ミラノにある二人の家に訪ねてきたかと思うと、すぐに人と会う約束があるからと言って出て行き、帰ってきた時には、アウグスティヌスの結婚話をとりまとめてしまっていた。背後には、ミラノの街全体に大きな影響力を放つ司教アンブロシウスの力が見え隠れしていた。

それは二人にとって一瞬と思える出来事だった。瞬きをするいともないほどの。

そして、その事態に対して、アウグスティヌスの想像力は著しく欠如していたと言わざるを得ない。この時のアウグスティヌスの善もまたローマ社会における成功を第一に志向していたから。

アウグスティヌスは長く連れ添った女性の善、その願うところを深く思いやること、いや、ただ、彼女の声に耳を傾けることをしなかった。

アウグスティヌスは後になって、この時期に友人のアリピウスたちと話した、善を巡る会話をよく思い出すことになる。

我々はいかにして神と至福の生に到達することができるのだろうかと、若者たちは、世界の果てにきらめく究極の善を志向しながら、各自の善を持ち寄り、寄せ合い、ぶつけ合った。夜はあきれ顔をして、付き合っていられないと彼らの前から去ったから、すぐに朝がやってきた。

けれどもと、アウグスティヌスは思う。もし、あの長い会話のひと時にでも愛すべき人の小さな善に、僅かに、本当に僅かにでも心傾けられていたならば……と。

いつも記憶はそこで立ち止まる。そして、自らの浅はかさを神に悔い、両手を天に伸ばすのだった。その姿は魂を神に洗い清めてもらおうとすがっているように見えた。

おお、曲がりくねった道よ。
禍いあれ、
わたしの傲慢な魂に。
あなたから遠ざかれば、
何かもっと良いものが入手できると
望みを抱いた魂に。
わたしの魂は、
転倒し、
横転し、

動転しました。
すべてが苦痛でした。
あなたのみが安らぎです。
見よ、
あなたはここにおられます。
惨めな誤謬から、
わたしたちを救い出し、
あなたの道の上に置き、
慰め、語りかけます。
「歩め、
わたしが支える、
わたしが導く、
そこまで
わたしが支える」。

（『告白録』六・一六・二六）

※『告白録』は、『アウグスティヌス著作集5／I』（教文館、一九九三年）から引用。

7　憐れみの源泉よ

アウグスティヌスは、タガステの「家」でひとり、来し方を思いめぐらしている。記憶のかけらを手のひらに広げながら。
彼が失ったもの、彼が捨てたもの、彼から奪われたものが今、彼の眼前にはある。しかし、それらにもう触れることはできない。語りかけることもできない。しかし、そこに生じる痛みが、誰かの痛みと共鳴するとき、神は御手を拡げ、両者を包む。そのとき、恩寵は新たな景色を映し出す。

あなたに讃美あれ、
あなたに栄光あれ、
憐れみの源泉よ。

わたしが惨めになればなるほど、
あなたはますます近づいてこられました。
あなたの右の手は、
いつでも指し延ばされ、
わたしを泥沼から引き上げ、
洗いきよめようとされていましたが、

わたしは全く気づきませんでした。

（『告白録』六・一六・二六）

三八五年。

三一歳のアウグスティヌスはローマ社会における成功を人生の主な目的としていた。

それが彼自身のもともとの願いであったことなのか。母モニカの期待を投影したものであったのか。あるいは周囲の羨望を浴び続けるための手段であったのか。アウグスティヌスは整理がつかないまま、目の前にあらわされる日々を懸命に生きていた。

そのような日々の中に突如もたらされた良家の息女との縁談話。

母モニカが前のめりになって進めるその話に、アウグスティヌスもまた不用意に乗り気な態度を見せる。その結婚の先に、富と賞讃、確かな地位、輝かしい名誉を手にしている自身の姿を見ることができたから。

それでいて長く連れ添った女性と別れる心づもりもなかった。正式な婚姻関係を結んだ妻とは別の女性と関係を続けることも、ローマ社会の慣習としては珍しいことでなかった。

モニカも、またアンブロシウスもそのような不誠実な関係を許すはずはなかったけれども、そうでありながら、しかし、アウグスティヌスはなぜか極めて楽観的であり続けた。愛を破る痛切を、あまりに軽く見積もっていたと言うべきかもしれない。

決断をしたのは女性の方だった。アウグスティヌスには見えていないこれからの状況が、聡明なその女性には見えていた。彼女は一人、北アフリカへ帰る決意をする。息子のアデオダトゥスと、アウグスティヌスへの愛を残して。

最後の夜、彼女は祈っていた。それまでの幾千夜と変わらない面持ちで。かつてアウグスティヌスが教会を離れ、マニ教なる流行りの宗教に心惹かれていた時も、また哲学に魅せられ、目に映るものすべてが疑わしく見えている時も、寄る辺なく不安定な幾つもの日々を、彼女は神に祈り続けてきた。家族に注がれる小さな祝福のために。それが彼女の善だった。他のなにものをも彼女が願うことはなかった。それはこの夜も変わらなかった。

彼女が一人、祈る声は、ひとつ屋根の下、書物に目をやるアウグスティヌスの耳にも、眠りの床に着いたばかりのアデオダトゥスの耳にも、着物を畳むモニカの耳にも届いていた。

しかし、その祈りを本当に聴いていたのは、ただ神お一人だけだった。

――神よ、聖なる神、憐れみの神よ、あなただけが安息です。魂の底から、あなたをお慕いします。アウグスティヌスとアデオダトゥス、新しい家族のこれからの日々に、あなたの恩寵を豊かに注いでください。神よ、あなたに導かれた日々はなんと険しく、麗しいものであったでしょう。神よ、あなたへの溢れ満ちる感謝のゆえに、わたしはもうこれから、どんなひととも結ばれることはありません。わたしに備えられた幸いを、どうぞ、あの人たちにお与えください。そして、この身を、神よ、どうぞご自由にお用いください……。

祈りの言葉は永遠の狭間に融け込んでいく。

次の日の朝早く、女性は、二人の家を後に、北アフリカへと、白い光のなかに消えていった。アウグスティヌスが、その心で彼女の祈りを聴いたのは、彼女がいなくなった床に手を触れた時だった。そこには、ひとつの愛が、ひどい割れ方をし、散らばっていた。その欠片が、アウグスティヌスの心の最も柔らかい部分を抉り、目に見えない血を流れさせた。悲しみは、なぜかいつも遅れてやってくる。失われて初めて、失われたものの輪郭が立ち現われてくる。

それから、幾夜にもわたって、アウグスティヌスは失われた女性の影を探した。そして、その影を、夢のなかに見つけるたび、アウグスティヌスはそれまでになかったほどにやさしく、まじめに彼女を見つめるのだった。そうして、目覚めた時にまた新しい血を流すのだった。

その後いつまでたっても、喪失は、だらだらと心に血を流すアウグスティヌスをあざ笑い、まるで悪友を呼び込むように欲望を際限なく湧き起こした。

寂しさほど苦しいものはなくて、アウグスティヌスはあの女性によく似た人を新たに愛した。言葉尻に懐かしさがあった。けれども、不埒な愛が見せつけるのは、彼女の不在であった。彼女はもういない。あの輝かしい愛をそのままに取り戻すことはできない。アウグスティヌスは愛に身を焼きながら、しかし、誰も愛していなかった。

心の傷口は癒えるどころか、膿み出し、絶望的な痛みを発し、天を見上げて呻くことを覚えていった。

＊　＊　＊

三九一年二月。

タガステにもう間もなく到着しそうな道程にさしかかったポシディウスは、その繊細な精神をあらわす眉間のしわを深くしながら、相変わらず、アウグスティヌスの震える肩のことを思い出していた。その弱々しい後ろ姿は、司祭たる重責に召された人間にはおよそふさわしくないという失望と、神の御前に無垢に恐れをなしていた人間への興味を、ポシディウスに同時に抱かせていた。

この時、ポシディウスは二一歳。彼の両親は、特に聖書の教えに関心を示すことはなかったけれど、息子には教会へ通うことを熱心に勧めた。

何かと都合がいいからと。

そのような親の軟派な姿に反感を抱きつつも、ポシディウスは幼い時から毎日、教会へと足を運んだ。礼拝堂の中に入る日もあれば、そのまま門の前を通り過ぎる日もあった。

それでも、彼は日々の習慣として、平日は学校の帰りに、日曜日は朝から、教会が目に映る場にその身を置き続けた。それは、彼がこの世界について、人間について、自分自身について、考える「道しるべ」のようなものを得たいと深刻に願っていたからだった。それを手にしなければ、自分の生涯が始まらない気がしていた。

どれほど努力し、学業を懸命に修め、この社会で成功しても、しかし、その魂で納得し掴み得るものがないならば、いずれ死し、すべてが失われて、結局は無益であるように思えた。

世界には不正が満ちている。ズル賢く物事をやり過ごしていくことが大人の知恵であるように教えられている。

ポシディウスは、地に足がつかない、どこか上ずった思いをも含み込みながら、灰色に見える世界に煩わしさを覚えていた。

そして、もし、その世界が生きるに値するものであるならば、生き抜く力を与える道しるべが欲しいと切実に願った。

しかし、残念ながら、これまで教会が発する声から、彼が希望する言葉を聞くことはできなかった。大きな懐を見せる司教の口から、理知的な司祭たちの口から、ポシディウスの心を動かす言葉をついに聞くことはできなかった。それはポシディウス自身の心の固さにも問題があった。いや、時はまだ熟していなかったというべきか。

ポシディウスの目にタガステの町並みが移った。冷たい風がポシディウスを通り過ぎてゆく。

※『告白録』は、『アウグスティヌス著作集5／I』から引用。

8　幸福を求めて魂は不安にあえぐ

三九一年二月。

豪奢をまとう馬車はポシディウスを乗せ滑走し続けた。タガステの町に入ってからもそのスピードを緩めることなく、そして一度も迷うことなく、アウグスティヌスが生活する「家」に到着した。

その時、ちょうど、一人の男が門の掃きそうじをしていた。男は、来客の対応に慣れた様子で、柔らかい微笑みを浮かべながら客の降車を待っていた。

けれども、馬車が放つ厳めしさと、馬車から顔をのぞかせたポシディウスの瑞々しさとの不相応に、男は生真面目な戸惑いを隠すことなく、「あれ？　あら？　えっと……」と、ポシディウスの背後をうかがう様子を見せた。馬車の中にもう一人いると思ったらしい。

ポシディウスはその戸惑いを当然のものと理解した。だから、「ヒッポのワレリウス司教からアウグスティヌス司祭へのお手紙をお届けに参りました」と、まず伝えるべきことをはっきりとした口調で伝えた。男はすべてを察したようで、人当たりのいい微笑みを取り戻しながら、直角に曲がるほどの礼をした。それは美しい姿だった。

――それは、それはご苦労さまです。先生は奥におられますので、少々お待ちください。おっと、申し遅れました、わたしはアリピウスと申します。ここの住人です。

実家もすぐそこなんですが。と、その男が指さす方角には大きな屋敷の屋根が見えた。

ポシディウスはぼうっとその屋根を見やった。どう返答をすればいいか分からなかったからだ。それでも自分から一回りほど年長であろう男の丁寧な対応に、ポシディウスの心の強張りは幾分、和らいでいた。

さて、その時、アウグスティヌスは自分の部屋にいて、手のひらを広げたまま、目を閉じ、思いをめぐらし続けていた。

＊　＊　＊

三八五年。

失われていくものに悲痛を覚えるのは、そこにあった愛が引き裂かれていくからではないかと、アウグスティヌスは自分の心に問うてみる。

長く寝食を共にした伴侶が去ってからアウグスティヌスの心は流血を続け、その影響が身体にも表れ始めていた。

もともと体が丈夫な方ではなかったが、まず肺に痛みを感じるようになった。そして、息苦しさのなかで声が出しづらくなっていった。それは、修辞学教授として言葉を教え、また、その言葉を武器に成功の階段をさらに登ろうとする人間にとっての致命傷となりえた。

一方、身体が虚弱さを深めるのとは裏腹に、アウグスティヌスを取り巻く状況は好転してゆく。良家の息女との結婚が正式に決まり、そこに、大きな仕事も舞い込んできた。ローマ皇帝ウァレンティニアヌス二世に頌詞の朗読をささげる大役である。それは修辞学を生業とする者ならば誰もが羨望する大仕事であった。

が、アウグスティヌスは自身も強く望んでいたはずの、その輝かしい舞台に、幸福を見いだすことができなくなっていた。むしろ、身も心もあえぎ窒息しそうだった。皇帝への讃辞は彼の魂の底から湧き起こるものではなかったからだ。

頌詞には流儀があり、型があり、また求められる言葉があった。称賛が必要だった。偽りを真実らしく語る称賛が。失敗は許されなかった。

……これは虚業にすぎない、と幾度つぶやいたことだろう。

流暢な言葉の旋律、華麗な技巧が織り込まれた節の結合、それらを駆使し、人の高揚をかき立て、その心を煽動する修辞学という学問が今、アウグスティヌスには呪われた道具であるように思えた。いや、そうではない。彼は学問を追及してきたのではない。そう装いながら、実は人びとからの称賛を得たかっただけなのだ。名誉を得るという快楽を追及して来ただけなのだ。今まで気づかぬふりをしてきた本当のことから、アウグスティヌスは逃げられなくなっていった。

きっかけは道端に座っていた浮浪者の呂律が回っていないひとり言だったかもしれない。

——りっぱな服をきたおにいさん、ムズカシイ顔をして～、どこいくの～、あんたのシアワセにはおんなじぶんだけのフシアワセがあるのに～、あんたのドリョクにはさらなるクロウがついてくるだけなのに～。あんたにシュクフクを～、そんでおれさまはシアワセ……。

そのまま男は眠りの中に落ちていった。その寝顔は本当に幸せそうだった。悪臭とみすぼらしさを身にまとい、施しで満腹に酔うことにその男は満足していた。そのような生き方が、自分の望む幸福であるとアウグスティヌスは認められなかったけれど、この一瞬間、その男はアウグスティヌスよりも確かに幸せそうだった。

惨めだった。

わたしの魂はそのあなたに回帰し、傷を癒されるべきでした。
わたしがどれほど惨めであったか。
あなたが、ある日、
　惨めさを感じさせるために、
　わたしにどのように働きかけられたことか。
（『告白録』六・六・九）

アウグスティヌスは今、立っている場所からもう一段、成功の階段を駆け上ろうとするその瞬間に、立ち止り、しかしまた、そこから階段を一段でも下りる勇気も持てないまま、修辞学教授の職を辞する日を近い時として予感した。

人は幸福の中に、しかも確かな根を持つ幸福の中に生きなければいけないのだ。

＊　＊　＊

三九一年二月に時は戻る。

――先生、アウグスティヌス先生。

アリピウスはアウグスティヌスを驚かさないように、部屋に着く随分手前のところから、名前を呼ぶようにしていた。そこで何も反応がない場合は「多忙」と判断し、それ以上、歩を進めなかった。この時もそうだった。返ってこない声を確かめたアリピウスはポシディウスが待つ玄関に戻り、再び丁寧な礼を繰り出した。

——申し訳ありません。先生は今、お忙しいようです。お時間の余裕はありますでしょうか。

着の身着のまま、馬車に乗せられ、この地に辿り着いたポシディウスは自分に時間があるのかないのか分からなかった。しかし、待つこと以外に選択肢はなかったから、彼は、ひとつ頷くことでその意志を示した。

——それはありがとうございます。それではこちらへ。

何から何まで手際が良いアリピウスに導かれ、ポシディウスは「家」の中へと入っていった。それが修道院と呼ばれるものであるらしいことを彼は後に知ることになる。静かで、ひっそりとしていて、しかし不思議な温かさが宿っている建物だった。壁に触れると、石の冷たさがひんやりと心地よく伝わってきた。その壁を幾枚か隔てた先にアウグスティヌスがいる。思い巡らすアウグスティヌスが。

※『告白録』は、『アウグスティヌス著作集5/I』から引用。

9　キリストを呼吸する

三八六年九月。

皇帝に頌詞をささげる大役をアウグスティヌスは無事に終えた。それは多くの人の目に「成功」と映るものだった。しかし、アウグスティヌスには大役を務め終えた一瞬の安堵の他に心を満たすものはなかった。彼がもし、皇帝に向けられた歓呼の声と万雷の拍手が自分にも向けられたものであると、自覚的にでも、あるいは錯覚してでも酔うことができたならば、彼はある幸せを手にしていただろう。

夏の暑さがアウグスティヌスにまとわりついていた。一日に何度も水を浴び、粘り気のある汗を拭った。できれば、魂を覆う不快感も洗い流してしまいたかった。嘘を棄て、本当の言葉だけを語りたかった。真理だけを追い求める生き方がしたかった。しかし、その選択は自分にはできないとよく分かっていた。だから、魂は不安に漂い、停泊場を見失っていた。

アウグスティヌスは吐き気を催しながら街を歩き、友人を見つけては議論をふっかけた。魂を洗い清めてくれる言葉を探していたのだ。

しかし、その街に、アウグスティヌス以上の修辞学教師はいなかった。それは、彼以上に言葉を巧みに使える人間はいなかったということである。そんな言葉の達人が、自分を幸福にする言葉を知らない。その皮肉に彼は笑いをこらえることができず、そして泣いた。彼を平安にする言葉は街のどこにも落ちていなかった。

夜のとばりが降りると、街の、昼間とは違う場所を彷徨った。その日に出くわした女性の床に入ることもあった。そうして、ますます彼の心は空っぽになっていった。何かが失われ、何かの底が抜け、何かが流れ出していることは分かっていたのだけれども。

そうこうしているうちに、アウグスティヌスの肺の調子はひどく悪化してゆく。不摂生な生活が病状の悪化に拍車をかけた。

けれども、そうした生活の中にあって、教会の扉を押す親しみが増していった。礼拝には司教アンブロシウスの説く神の言葉があった。その言葉に会いに行った。その言葉に耳を澄ました。そして、その言葉にアウグスティヌスは疲れた魂を癒される思いがした。少しずつ、少しずつではあるけれど。

かつて嘲笑した聖書を独りで切実に開く回数も増えていった。特に、パウロの書をすがるように読んだ。「わたしは自分のしていることが分かりません」（ロマ七・一五）、「わたしはなんと惨めな人間なのでしょう」（同七・二四）。その言葉はアウグスティヌスの叫びでもあった。遠い時代に生きたパウロが心の師、魂の友人であるように思えた。

礼拝の時間になると、アウグスティヌスはいつも泣いていた。涙を神への献げ物とするように。誰にも気づかれないように、音を立てずに、絶え間なく。彼は分かっていたのだ。神を探究することにのみ魂の平安があることを。けれどもまた強くわかってもいた。このまま名誉への欲求を捨てることができないことを。出世のための――それが不誠実なものであっても――結婚を取り止めることができないことも。寂しさを寂しさのまま抱えることができないことを。

今の生活に、実のところ、それなりの甘美さを抱き、それを捨てることの惨めさに、きっと自分は耐えられない。だからまた、アウグスティヌスは街の中を彷徨うのだった。

そんなアウグスティヌスを、ある日、同郷の友人ポンティキアヌスが心配して訪ねてきくれた。まったく用はないけれど立ち寄ったという風に。

それから、長く話し込むことになった。当然のようにアリピウスもそこにいた。彼らとの付き合いは古く、濃く、柔らかい。

三人のはずむ会話はいつしかエジプトの修道者アントニオスという人物の名前を出していた。切り出したのはポンティキアヌスだったように思う。アウグスティヌスもアリピウスも、アントニオスについては無知だった。

が、三人はそれぞれに驚いていた。

ポンティキアヌスは話しながら、改めて。

アウグスティヌスとアリピウスはその話を聞きながら、初めて。

そう遠くない時代——アントニオスが天へ召されたのは三五六年のことらしい——に、そのように生きた人がいたのかと。

ひと通り話し終えたポンティキアヌスは、「まっ、詳しくはこれに書いてあるから」と、一冊の本を置いて帰っていった。表紙には、『アントニオス伝（*Vita Antonii*）』と記されていた。

＊　＊　＊

三九一年二月。

ポシディウスは、アリピウスの丁寧な導きによって、「家」の奥の部屋に通された。そこが客間のようだった。小さな机と椅子があり、簡易なベッドも整えられていた。

——少しお休みになってお待ちください。

そう言い残し、アリピウスは部屋を出て行った。本棚には多くの書物が並んでいる。

そのうちの一冊にポシディウスの眼がとまった。アタナシオスが記した『アントニオス伝』という書物だった。その一冊だけがほのかな光に包まれているようだった。

ポシディウスは慎重にその書を手に取り、開いた。

アントニオスは、真理に固着して生きた人だったという。「もし完全になりたいのなら、行って持ち物を売り払い、貧しい人々に施しなさい。そうすれば、天に富を積むことになる。それから、わたしに従いなさい」（マタ一九・二一）という救い主の言葉を、純粋に自分に向けられた言葉として聞いた。そして、清濁入り混じる街を離れ、持ち物を売り払い、砂漠の孤独の中に身を置く。神を観照し内的に生きることを愛した人だった。それでいて、その世界は閉じられていなかった。

ポシディウスが魅かれたのはその点にあった。

多くの人がアントニオスの傍らにあることを願い、街から集った。アントニオスがいる砂漠は真理を喘ぎ求める人にとってのオアシスとなった。彼は神からエジプトに贈られた魂の医者だった。彼のもとを訪れると、人びとの悲しみは喜びに変わった。苛立ちは友愛に変わった。この世の雑事に忙殺されている人は彼のもとで休息した。

アントニオスは地上を去る間際に言ったという。

あなたがたは落ち着いていなさい。そして、自分たちの長年の錬成を破壊してはならない。却って、今始める者のように、自分自身の熱意を保つことに努めなさい。たくらむ悪魔どもをあなたがたは知っており、連中がいかに野蛮で力が弱いかを知っている。だから彼らを恐れず、むし

ろキリストをつねに呼吸し、この方に信頼しなさい。そして日々死にゆく者のように生きなさい
——自分自身を気に留めつつ、私から聞いた勧めを思い出しながら。
（アタナシオス『アントニオス伝（*Vita Antonii*）』九一・二・三）

アントニオスはその生涯を活き切った。そして、その魂は永遠の中に置かれる。「さあ出発せねばならない時だ」、「それではお元気で」という言葉を地上に残して。

ポシディウスはその伝記を最後まで読んだ。こういう生があるのかと驚き、こう生きたいと願った。そして、その伝記の最後の行に、誰かが——おそらくアウグスティヌスが——書き加えたのであろう、聖書の一節に目をとめた。

主イエス・キリストを身にまといなさい。欲望を満足させようとして、肉に心を用いてはなりません。
（ロマ一三・一四）

その言葉を指でなぞると、ポシディウスの心は落ち着いた。その言葉が、自分の存在を支えてくれている気がしたから。すると、大海の波のような睡魔がポシディウスを襲った。彼は疲れていた。そのまま抗うことなく、ポシディウスはその波に身を任せた。

※『アントニオス伝』は、戸田聡編訳『砂漠に引きこもった人々——キリスト教聖人伝選集』（教文館、二〇一六年）から引用。

10　キリストを身にまとう

ひとつの季節の終わりを告げる雨がある。

同じような涙を多くの人がその日々に持っている。

アウグスティヌスの眼から溢れ滴り落ちる涙が熱せられた大地を濡らしていた。


三八六年八月。

——いったい、いつになれば！

そう叫び、庭先へと飛び出していったアウグスティヌスの背中をアリピウスはひと呼吸、置いてから追いかけた。『アントニオス伝』に没頭するアウグスティヌスの様子がおかしいことにアリピウスは少し前から気がついていた。それで、パウロの書を読むふりをしながら、荒い呼吸に全身を波打たせるアウグスティヌスを注視していた。もし、家の外に飛び出て行くようならばその危険のために早く追いかける必要があったが、庭の方にならばその心配は少なく済んだ。

アウグスティヌスは一人になりたかった。一人で泣きたかった。エジプトの修道者アントニオスは

「わたしに従いなさい」（マタ一九・二一）というキリストのひとつの言葉に促され、その生涯を真理の探究にささげたという。アウグスティヌスもまた同じ生き方をしたかった。しかし、その幸福を思いながら、摑みかけている名声の極みと結婚とをどうしても捨てられずにいた。いったい、いつになればそのような鎖から自由になれるのか。いったい、いつになれば欲望なくして女性を、いや人間を見つめられるようになるのか。

アントニオスのような生き方が近づいたように見えてはすぐに遠く霞んで見えなくなった。そんな愚かさをアウグスティヌスは涙と共にすべて流してしまいたかった。

けれども、夏の熱を十分に含んだ庭の土は、アウグスティヌスの涙など一瞬にして空中に溶かしてしまうのだった。

アリピウスもまた泣いていた。アウグスティヌスの悔しさに共鳴し泣いていた。数歩ゆけば、木陰にうずくまるアウグスティヌスの背中をさすることができた。しかし、友人として、今、それをしてはいけないと彼の心が警告していた。

その時だった。隣の家から聞こえてくる子供の声があった。陽気な節回しだった。

――トリテ、ヨメ。トリテ、ヨメ。

それは流行歌のようでいて、懐かしさをかきたてる歌だった。

――とりて、よめ。とりて、よめ。

アウグスティヌスはその歌の不可思議なリズムに魅かれた。

どこかで聞いたことが……。それにしても心地よい歌だ……。

——取りて、読め。取りて、読め。

それはどういう意味だろうと思い至った瞬間、アウグスティヌスははっと立ち上がる。目に溜まっていた涙が粒になって地面に散らばり、はずんで消えた。空からは雨の粒が落ちてきて、消えた涙と混じり合う。空もまた泣いていた。

アントニオスはある時、聖書を開き、そこで見つけた一つの言葉に従った。アウグスティヌスにとっては、今がその時だ。急いで、もとの部屋に戻ると、アリピウスが読んでいたパウロの書を摑み取り、心を決め、頁を開き、読んだ。そこにはこう記されていた。

主イエス・キリストを身にまといなさい。欲望を満足させようとして、肉に心を用いてはなりません。（ロマ一三・一四）

アウグスティヌスは想う。新しい生き方は向こう側からやってくる。キリストの恩寵によってもたらされるのだ。その恩寵を身にまとおう。マントのように身に羽織ろう。わたしはキリストを着る者だ。その恩寵に生かされる者だ。わたしはキリストの生を呼吸する。なんと新鮮な空気だ。なんと力湧き起こる空気だ。わたしは生きるのだ。恩寵に生かされるのだ。

安堵の光がアウグスティヌスを包む。その光は心の奥底までを照らした。彼を縛りつけていた欲望の何重もの鎖は断ち切られ、キリストの衣、謙遜の衣が彼を覆う。それは、彼を自由にする衣だ。

いつしか開かれた頁を濡らすのは空からの雫だけになっていた。アウグスティヌスはその頁にしるしをつけ、閉じた。名誉と成功の階段から降りよう、その決意を胸に。神がわたしの欲望と希求に勝利された、その感謝を胸に。

アウグスティヌスがアリピウスのもとに戻ったとき、アリピウスはまだ泣いていた。アウグスティヌスの顔が平安なものになっているのを見て、さらに泣いた。そして、パウロの書の、どこを読んでいたのですか、と聞いた。アウグスティヌスがしるしをつけたところを指さすと、アリピウスはその先を目で追いかけて、「わたしも見つけました」と言った。アリピウスが指で押さえた、その言葉は、アウグスティヌスが導かれた言葉の隣にぴったり寄り添ってあった。

信仰の弱い人を受け入れなさい。（ロマ一四・一）

この時のことを、後に、アリピウスは周囲の人に何度も語った。楽しそうに手を叩きながら。

——自分はこの言葉を読んだときに、信仰の弱いわたしでも神と教会は受け入れてくれるんだから、そのまま受け入れてもらおうと思ったんですよ。

それから、必ず「ただ」と、続けるのだった。

——ただ、それは読み間違いで、そこに書かれていることは、あなたが信仰の弱い人を受け入れなさいということであって、あなたが受け入れてもらいなさいというお話じゃないんですよね。

いやはや、とんだ勘違いと笑うアリピウスの安心が、それでいて、揺らぐことは決してなかった。

神の言葉に救われ、守られている平和が彼から取り去られることはなかった。

アウグスティヌスたちはその話を何度も何度も聞かされたが、その度にますますうれしそうに話すアリピウスの笑顔にますますうれしくなった。

アリピウスは確かに聖書を読み間違えていたけれども、その言葉に対する真心に偽りはなかった。神はそんな間違いを愛しまれ、人を救われもする。

アウグスティヌスはアリピウスと、それから息子アデオダトゥスと共に洗礼を受けたい旨を母モニカに打ち明けた。アデオダトゥスは父より先に決意していて、けれども、そんなことはひと言も語らず、待っていたのだ。

母は天井に頭をぶつけるほどに跳びあがり、歓喜の声をあげながら、すぐに司教アンブロシウスの住まいへと走り出していった。母に涙はなかった。彼女はもう十分、涙を流してきたから。

＊　＊　＊

三九一年二月。

『アントニオス伝』を読みながら眠ってしまったポシディウスは、自分が今、どこにいるのかを見失っていた。いつもとは違う色彩……、におい……、異質な人の気配……。はたと意識が覚醒する。

そこに、アウグスティヌスがいた。それが二人の出会いらしい、初めての出会いだった。

11　聖なる光で澄みわたる日

夕暮れ時、淡い光に包まれた世界は、わずかの瞬間、その動きを止める。

その光に息を呑むからだ。

その光に神からの労いを受け取るからだ。


三八七年、夏は暮れつつあった。

アウグスティヌスは港町オスティアの宿にいて、窓にもたれかかりながら、母モニカの語りかけに耳を傾けていた。

二人が見つめる先にある空と海の境界線は淡い光のもとに融け合おうとしていた。


アウグスティヌスが故郷、北アフリカはタガステに帰ることを決めたのは洗礼式の前であった。そこで、母と弟、息子や友人たちと共に神を観想して生きよう。父の財産を整理すればそのための環境を整えられそうだった。

そのことを司教アンブロシウスに告げた時、彼は「よかった」と、「応援しますよ」とアウグスティヌスの肩を摑み、激励した。ちょうどひと回り年長の偉大な司教の姿を、アウグスティヌスはそれ以上の大人として見させられた。

洗礼式のあと、アウグスティヌスは婚約の解消や修辞学教授辞任のための挨拶まわり等に半年ほどの時間を費やした。そして、ようやく準備が整い、一行でオスティアに滞在し、北アフリカ行きの船を待っていた時だった。

母モニカの体調が思わしくなかった。夏の疲れが出たのかもしれない。発熱が続いていた。それでも、その口は活力漲り、アウグスティヌスの耳を独占し続けていた。二人の間にあった、かつてのわだかまりは消え、ただそれぞれの大切にしたものだけが残っていた。息子は真理を追い求め、母は息子の幸いを願った。

ただ、それだけのことであったのに。

かつて息子は母が大切にしている聖書を「つまらない」と投げ捨てた。母の素朴で純粋な信仰が窮屈に思えたから。他に輝く真理があるはずだったから。

母は息子の苛立ちを理解することができず、戸惑い、叱り、涙を流すことしかできなかった。

息子は母の信仰と愛から自由になりたかった。母は息子への愛から自由になれずにいた。

そうして日々は流れた。神の恩寵の日々が。痛く、長い日々が。

母は自身の最期を悟っていた。母は真理の探究人である息子を認め、息子は母の愛に感謝した。それだけで十分だった。今、二人の視線の先にあるのは空なのか、海なのか、もはやそれは問題ではない。その向こう側にある神の恩寵へと二人は息を合わせ、そこから差し込む光に身を浸した。これでよかったのだ。二人はどちらからともなくアンブロシウスがつくった賛美歌をうたった。洗礼式の時にうたわれた賛美歌だ。

今日こそ神のまことの日
聖なる光で澄みわたる日
この日に聖なるキリストの御血が
世界の不名誉な罪を洗い去りました
（*Hic est dies verus Dei*）

それから間もなくモニカは天へと旅立った。五六歳だった。アウグスティヌスが三三歳のときのこと。

モニカは旅立つ前に言った。

――もし、自分のことを思い出してくれることがあるなら、神様を礼拝している時にそうしてほしい。

以来、モニカを想うことは神の恩寵を想うことになった。その時にはいつもオスティアの町に注いでいた光が思い出された。人は死して初めて何の混じり気もなく神の恩寵に染まる。モニカが愛しく思えた。アウグスティヌスは目の涙が乾くのを待ってから北アフリカに帰って行った。

＊　　＊　　＊

三九一年二月。

夕暮れを知らせる光が、タガステの「家」の一室に差し込んでいた。目覚めるポシディウスに、「おはようございます」と語りかけるアウグスティヌスは微笑んでいるように見えた。「良い本を読んでいたようですね」と、ポシディウスの手もとに視線が移される。

芯が強い響きの声は、あの日、無理やり司祭に任じられ、肩を震わせていた人とは別人が発するものに聞こえた。ポシディウスの鼻腔に、あの日の雨のにおいが甦る。ポシディウスは慌てて体を起こした。

——すいません。勝手に読んでしまいました。

ポシディウスが言い終わる前に、アウグスティヌスの言葉が被せられる。

——いいんです、いいんです。で、どうでしたか。

——こういう生き方があるのかと思いました。こう生きたいとも思いました。今すぐに。けれど……。

ひと筋の厳しさが、アウグスティヌスの眼に差し込む。そして、ポシディウスの手にある『アントニオス伝』から、一節を指し示した。それは、アントニオスが山に分け入る前、それはすなわち、彼が自分の人生を始める前のことを記述する箇所であった。

彼（※アントニオス）は聖書朗読を非常に気に留めていたので、書かれてあることのうちの何一つ彼から地面に落ちず、彼はすべてを保持し、そして将来その記憶は彼にとって本の代わりとなった。

（アタナシオス『アントニオス伝』三・七）

アウグスティヌスは言った。

——準備をしなければいけません。雛鳥が親鳥の庇護に育まれるように、口を開けてエサを待ち、ただ、たくさんの栄養を吸収するだけの時間がどうしても必要です。あなたが記憶した言葉だけがあなたを助けてくれますから。

アウグスティヌスは呼吸を整え、続けて言った。

——残念ながら、いや、幸いにと言うべきですね。わたしの準備の時間は終わりました。それでも、あともう少しのお暇を頂きたい。これをワレリウス司教に渡していただけますか。

ポシディウスの前に封がされた手紙が差し出される。彼はそこで、自分の役割を思い出し、慌てて、ワレリウスから預かった手紙をアウグスティヌスに手渡した。アウグスティヌスの微笑みがもう一つ重なる。

——あなたがヒッポから来られたということで、凡その見当はついています。

そうして、ワレリウスからの手紙に目を通したアウグスティヌスは何度か頷いてから言った。

——あの人らしいですね。ありがとうございます。またヒッポでお会いしましょう。

ポシディウスはその言葉と、アウグスティヌスからの手紙をもってヒッポに帰った。

アリピウスが帰り際に大きく手を振ってくれた。

ヒッポで、ポシディウスから手紙を受け取ったワレリウスは指をパチンとならし、それでいい、それでいいと微笑み、誰かを呼んだかと思うと、今度はその人に新しい手紙を渡した。「神の御心のままに。あなたが願うままに」と記された手紙だ。

ポシディウスが「あの」と声を差し入れる前に、ワレリウスは右手でそれを制し、言った。

――いい旅になりましたね。ありがとう。さてさて、次の準備をしなければ。

窓の外に幾筋もの光が降り注ぎ、雨上りを告げる風が入り口の扉を叩いていた。

※ *Hic est dies verus Dei* は、家入敏光『聖アンブロシウスの賛歌』（サンパウロ、二〇〇二年）から引用。『アントニオス伝』は、戸田聡編訳『砂漠に引きこもった人々』から引用。

12　主よ、あなたのいます家

三九一年、街は復活祭の準備を始めていた。

夜明け前、地平線をなぞる薄明りを頼りに、アウグスティヌスはタガステの「家」の庭の端に立っていた。二つの墓が彼の前にあった。彼の息子アデオダトゥスと、友人ネブリディウスの墓だ。

母モニカをオスティアに葬った後、一行はしばらくローマに滞在してから、海を越えた。アウグスティヌスにとっては一二年ぶりの北アフリカへの帰郷であった。船の上で深呼吸を何度も繰り返し、その度に咽て激しく咳き込むアウグスティヌスの背中をアリピウスは大笑いしながらさすった。アデオダトゥスは読んでいた書物越しに心配そうな視線を送り、ネブリディウスは喉を潤すための水を取りに立ち上がった。エウォディウスは、「その種の咳は気管に異物が入るのを防ぐためであり、何ら心配する必要のないものです……」という元宮廷の役人らしい律儀な解説を誰も聞いていないことを気にせず語り続けていた。神を想う仲間たちとの新しい生活が始まろうとしていた。

タガステに建てられた「家」——その「家」をアウグスティヌスは父の財産を整理することで建てた——には、静謐と団欒が同居していた。「家」の噂を聞きつけてやってきた人がいつの間にか住人になっていることもしばしばあった。その度に、「家」は新しい静謐と団欒を楽しんだ。神に祈り、聖書に没頭し、畑仕事をし、共に語り合う日々。その日々に終わりがあることを誰もが知っていながら、それはきっと「いつか」のことで、突然にやって来るとは考えていなかった。いや、考えないようにしていた。

「家」がまだ新築の初々しさを身にまとっている時であった。病が、アデオダトゥスとネブリディウスを強引に奪っていった。住人は「家」で過ごす日々に、時が流れ続けていたことを、自分たちが限りある日々に生きていたことを、そのあまりにも当たり前の事柄を、二人の死によって気づかされた。

アウグスティヌスは決して人前で泣くことをしなかった。耐えていた。しかし、自室でひとりになった時、咽びながら、詩編をうたうアウグスティヌスの声をアリピウスは隣の部屋で目を閉じ、聞いていた。

主よ、あなたのいます家
あなたの栄光の宿るところをわたしは慕います。
（詩二六・八）

アウグスティヌスは瞼の裏側に二人の姿を浮かべ、思うのだった。二人は今、神のふところに抱かれ、聖徒の友となっている。彼らはそこに生きている。もはや罪を犯すことなく、罪に悩むこともない。彼らはその限りない至福の中に生きている。ならば、わたしは何を悲しむのか。何故に涙を流すのか。答えがすぐ心に浮かんでくる。それは彼らとの語らいが失われたからだ。もう記憶を積み重ね得ないからだ。その悲嘆を神に訴えることにおいて、アウグスティヌスは自身を保ち、二人が神の御もとにあることに癒されていった。

タガステを発つ日の早朝、アウグスティヌスは墓の前で、アンブロシウスの賛美歌をうたった。そして、大きく息を吸い込んだ。タガステの、まだ日の光を浴びていない新鮮で幼い空気を。それから、アリピウスたちに言った。さあ、行こう。夜が明けようとしている。

一行はヒッポへと旅立った。

あなたの馬小屋は
もうすでに光り輝いています
そして夜は新しい日の光を

発散しています
その光をどんな夜も消す力はなく
光は信仰によって、
たえず消えることなく輝き渡ります

(*Intende qui regis Israel*)

ヒッポの街の入り口では、司教ワレリウスをはじめヒッポの人たちが総出で出迎えてくれた。

ワレリウスはアウグスティヌスたち一人ひとりを抱きしめたあと、ほっほっほっと笑いながら、一行を教会へと導いてくれた。教会の周りの景色がどことなく変わって見えたのは、教会の隣の敷地に、以前にはなかった建物が建っていたからだろう。

その建物を見て、アウグスティヌスは驚いた。造形がタガステにある「家」と瓜二つだったからだ。アウグスティヌスは一瞬、今、自分がいる場所を見失いそうになった。アリピウスは全身で大袈裟な驚きを表現し、エウォディウスは懐から取り出した定規で壁の厚さを計り始めた。それから二人して「タガステと同じです」と感嘆の声をあげる様子をワレリウスは満足そうに眺めて、言った。

——これから、あなたたちの生きていく「家」です。もう既に住人が一人いるんですがね。

ワレリウスは再びほっほっほっと笑いながら、ささっ、荷物を運び入れちゃってください、おーい、ポシディウス君と、「家」の中に声を送った。それから、くるりと首だけをこちらに向けて、言葉を繋げた。

——さてさて、アウグスティヌスさん。司祭のお働きを始める前にひとつだけお願いがあります。

わたしの部屋に来てくださいますか。

司教の執務室の真中に据えられた机の両脇に二人は向き合った。ワレリウスの表情は柔らかい微笑みを漂わせながら、その眼は厳しく光っているように見えた。アウグスティヌスは自分が幾分、緊張していることが分かった。

——いよいよ、この街で司祭としてのお働きが始まります。具体的なことについては改めて他の司祭さんたちがいる席でお伝えします。その前に、わたしからひとつだけお願いをさせてください。

ワレリウスは背丈が小柄な部類に入る。けれども、決して小さく見えない。この時もアウグスティヌスは、ワレリウスの語る言葉が自分の視線の上から、遥か高い所から聞こえてくる気がした。

——わたしが願うことはひとつ。何があっても語り続けてください。あなたにはその賜物がある。ならば、その責任があります。あなたの言葉を通して、たくさんの人が神様の祝福を受け取るでしょう。あなたはその狭間で多くの悩みを抱えるかもしれない。それでも、語り続けてください。そのために、何があってもヒッポの、あの人たちを愛し続けてください。みんな、神様が愛されている人たちですから。

それから、ワレリウスは急にアウグスティヌスに背中を向けて、語り出した。遠くを見つめながら。

——いや、違います。今の時代の人たち、ヒッポの人たちだけではありません。いつの時代の人にも神様の祝福は届けられねばなりません。今この本を読んでくださっている、そう、あなたにも。

ワレリウスは向き直り、アウグスティヌスの眼を真っ直ぐに見た。ワレリウスの顔からは微笑みが消えていた。そして、過ぎゆく時を愛しむように言った。わたしはこのひと言を届けるために生きてきました。これからもそうです。あなたに贈ります。

——神の祝福があるように。

※ *Intende qui regis Israel* は、家入敏光『聖アンブロシウスの賛歌』から引用。

第一部　完

第Ⅱ部

栄光に燦然と輝く神の都は、この走りゆく時代にあっては、信仰に生きつつ、罪深い者らの間に寄留しているが、彼方にあっては、揺るぎなき永遠の座にある。都は今その座を忍耐して待ち望んでいる。

（『神の国（*De civitate Dei*）』一・序）

1　愛すれば愛するほど

すべての魂は安息を求め、幸福を求めている。幸福になりたいかと問われ、ためらい迷う者はいない。けれども、どの道をゆけば幸福に至るのか、どこにその幸福を見つけうるのか、それを人間は知らない。だから彷徨い続ける。行かない者は彷徨わない。行くから、そしてどこへ行くかを知らないから、あらゆる彷徨いが生じる。

主が道へと呼び戻してくださった。キリストにゆだね、信じる者となったとき、我々は既に天の祖国にあるわけでなく、それでも既にその道を歩み始めることになった。……この我々の旅は、神と隣人とを愛することだ。愛する者は、走る。強く愛すれば愛するほど、熱意をもって走る。

兄弟姉妹よ、今、言ったように、我々は道の途上にある。ひと時のことを忘れて、愛を、聖愛を込めて走ろう。

（「人生行路（補足　説教一一二）」）

三九一年、アウグスティヌスは北アフリカにあるヒッポの教会の講壇に立っていた。三七歳になっていた。

ここ数年のうちに経験した幾つかの別れ――伴侶との別離、母と息子と友人の死、そして自身が望み願っていた静かな生活――は、彼を強くも弱くもしていたが、その度に流した涙の先に見た様々な光景のおかげで、彼の心は神に対しても人に対しても優しく、篤く、懐深いものとなっていた。

アウグスティヌスが講壇に向かって歩み出すと、礼拝堂に集う人びとの視線が彼に突き刺さった。これから語られる言葉に対する純粋な期待。お手並み拝見という邪思。正体を明かさない凝視もあった。それらの視線を一身に浴びながら、アウグスティヌスは天を指さし続けなければいけない。何より、彼自身が神を仰ぎ見ることをやめてはいけない。

息苦しさを覚えながら、しかし、アウグスティヌスの足取りが鈍くなることはなかった。彼の背中を押す力があったから。講壇に立つと、ちょうど頭上に位置する天井に据えられた窓から朝の光が差し込んできていた。その光に礼拝堂全体が輝いて見える。美しいものだなと、アウグスティヌスは思った。

その数日前……。司教ワレリウスは臨時の司祭団会議を招集していた。新しく司祭に就任するアウグスティヌスの紹介と、その働きを定めるためであった。司教の執務室の真ん中に据えられた大机を挟んで、ワレリウスと、アウグスティヌスを含めた七人の司祭が向き合った。

ワレリウスが短く祈った後に語り出す。

——皆さん、ようこそ、お集りくださいました。改めてご紹介するまでもありませんがアウレリウス・アウグスティヌス司祭です。

ワレリウスはアウグスティヌスに立ち上がるよう促し、それから大きな身振りでもって拍手を打った。大きな音が部屋中に響く。その音を和らげるように、司祭たちの歓迎の拍手が重ねられた。それは温かいものであった。

——アウグスティヌス司祭には、わたしどもの思いをお受け頂き感謝をしています。もう待ちくたびれてしまいましたよ。

ほっほっほっとワレリウスは笑いながら、さて早速、お働きについてなんですが、実はもう考えてあるんですと、大机いっぱいに一枚の羊皮紙を広げた。

司祭たちの目は一斉に文字を追いかけ始める。

——アウグスティヌス司祭にまず取り組んで頂きたいことは、次の七つのことです。

一、礼拝の説教
二、北アフリカ諸教会への挨拶状送付
三、修道院の監督・指導
四、マニ教徒に対する文書の執筆
五、ドナトゥス派に対する文書の執筆
六、聖書注解書の執筆
七、散歩及びわたしの話し相手

司祭たちの間にざわめきが起こった。ワレリウスはその反応を楽しんでいるように見えた。最初に、ざわめきを明確な言葉にしてワレリウスにぶつけたのは、司祭長のシェリウスだった。

——司教！　いつものごとく、いろいろとツッコミどころがあるのですが！「礼拝の説教」を司祭に任せるおつもりですか？　これはいけません！　説教は、司教だけにゆるされた特別な、特別なお働きですぞ！

ワレリウスは、えっ、そうでしたっけと、とぼけながら、まるで狼狽える素振りはない。長年、司教の座にあるワレリウスがそのことを知らないはずがないのだから。

——司教！　それは私たちの教会、ひいては北アフリカの教会全体が固く守ってきた伝統です！

シェリウスの身振り手振りはまるでワレリウスを真似るように大きなものになるが、ワレリウスが心動かされる気配はまったくない。

——そういうものですかねえ。わたしを育ててくれた東方の教会では司祭さんも説教をしていましたよ。ええ、大丈夫です。わたしが責任を持ちます。

——しかし、それでは司教のお立場が……。

シェリウスは身体も声も萎ませ、ワレリウスを見つめる。目をしばしばとさせながら。

ワレリウスは微笑みながら一度、二度、三度、うなずいた。

——ご心配ありがとうございます。でも、皆さん、わたしのラテン語の下手さをよくご存じでしょう。

ワレリウスの顔から、微笑みが消えた。

——大切なことは、ヒッポの人たちが神様の言葉を豊かに味わうことです。そのためであるならばわたしは何でもします。

部屋はしんと静まり返った。

司祭たちは、誰も、何も、それ以上、言葉を発することができなくなった。

――それから、礼拝で語られた説教は後の時代の人のために記録していきましょう。七人の人に速記をお願いしておきました。ということで、アウグスティヌス司祭、よろしいですね。

アウグスティヌスも何も言えなかった。

――それでは、この七つの項目を司祭団会議の意志として決議いたしましょう。シェリウス司祭、最後にお祈りください。


長い祈りのあと、司祭たちが部屋を出てゆく。

六人いずれの背中にも「複雑な心境」という文字が書かれていた。同じ文字を背負いながら、アウグスティヌスも部屋を出て行こうとしたところで、ワレリウスに声をかけられた。一人、残るようにと。

二人だけになったところで、ワレリウスは微笑みを取り戻して、言った。

――驚いたでしょう。かなり強引なことをしましたから。ただ、時間がないのです。この時代にも、このヒッポの街にも。

その言葉の厳しさとは対照的に、ワレリウスの表情はこれまでのどの瞬間よりも柔和なものになっていた。

――この街によく来てくれました。今からあなたには少々、辛い視線が浴びせられることになるでしょうね。けれども、決して、誰に対しても、愛のないところで説教をしないでください。倦むことなく、弛むことなく、愛を抱き続けてください。大丈夫です。あなたほど神様に愛されている人はいませんから。そういう人は、いろんな人を大切に思えるんですよ。まっ、わたしほどではありませんが。

ほっほっほっと笑いながら語られた、その言葉を、アウグスティヌスは説教の務めを終える度に思い起こすことになった。幸せな時間であったと振り返りながら。

こうして、アウグスティヌスの教会人としての歩みが始まった。

※「人生行路（補足　説教12）」は、*Patrologiae latinae Supplementum, DE PEREGRINATIONE HUIUS VITAE,* 444,445より訳出。

2　旧友からの手紙——マニ教との対峙Ⅰ

僕を信じてくれたまえ、あの書物（※旧約聖書）の中にあることはすべて深く、かつ宗教的なことなのだ。その中には本当に真理があり、また魂を元気づけ回復するのに最も適切な教えもあるのだ。かつこの教えは非常によくととのえられているので、真の宗教が要求するとおりに、そこから必要なものを汲みとるために、信心深く敬虔に近づきさえすれば、だれでも、自分自身にとって必要なものをそこから汲みとることができないことはないのだ。

もっとも、このことを君に証明するためには多くの理由や長い説明が必要だ。というのは君の場合、まず旧約聖書の記者たちに嫌悪の念を抱かないようになり、次いで彼らを好きにならなければならないからだ。

（『信の効用』一・八）

今日もまたヒッポの司教ワレリウスが教会の隣に建てられた修道院の扉を足で蹴っている。ワレリウスがこぶしで扉を叩かないのはその両手がふさがっているからだ。自身が丸々すっぽり入ってしまうような大きな籠を抱えて、ワレリウスはコンコンと乾いた音を修道院の中に響かせる。それを合図にアウグスティヌスが出迎えてくれるのを待つワレリウスの後姿を、ヒッポの人たちは毎日、決まった時間に見つけた。その音がすると、お昼が来たと、時計代わりにしている者もいた。

ワレリウスの用事は明瞭で、彼は出迎えてくれたアウグスティヌスに毎日、必ずこう言うのだった。

――どうも、こんにちは。今日もこんなにたくさんのお手紙が届きました。で、皆さん、お元気ですか。

アウグスティヌスが、はい、変わりありませんと伝えると、ワレリウスは手紙がいっぱいに入った籠を机の上に置き、それは何よりですと笑い声を残して帰ってゆく。ただ、それだけであるはずなのに、不思議と、しばらくの間、修道院の空気はあたたかくなった。

アウグスティヌスがヒッポの司祭に就任して以来、各方面から様々な手紙が届けられた。その中に、アウグスティヌスは懐かしい名前を見つける。

旧友ホノラトゥス。

かつてアウグスティヌスがマニ教へと導き、引き入れた人物である。

マニ教は、自身を最後の預言者と称するマニによって開始された新しい宗教である。教祖マニは既に没していたが、その教えはマニが生まれたバビロニア地方から東は中央アジア、西はローマ帝国各地に翼を広げ、特に北アフリカでは大流行の様相を見せていた。

手紙はアウグスティヌスがヒッポの司祭に就任したことを祝った後に、マニ教の教えが滔々と記されていた。ホノラトゥスが今もなおその信仰に留まっていることは明白であった。が、その末尾に、それでも自分は、今年、旧約聖書を最初から最後まで読むことに、もう一度、挑戦してみようと思う、とも記されていた。

アウグスティヌスの脳裏に、ホノラトゥスと語り合った幾夜もの光景が映し出される。

それはもう随分、前のことになる、とアウグスティヌスは思った。

この世界のことについて。善と悪とについて。真実の愛について。

二人は、時にアリピウスら友人も含めながら夜通し語り合った。

旧約聖書を読むに値しないと最初に言いだしたのは、誰あろう、アウグスティヌス、その人であった。そこに書かれてあることは荒唐無稽で文体もお粗末だから、と。

大人びた青年はこの世界の不条理に悩まされていた。誰もが幸福を求めながら、なぜ人びとは騙し合い、憎しみ合い、傷つけ合うのか。聖書に記された神が善なるお方であるならば、なぜこの世界にひどい悲しみがあり続けているのか、なぜ悪が存在し続けているのか。

聖書はそのことについて巧く回答していないように、当時のアウグスティヌスには思えた。

青年たちはこの世界をまるで高い所から俯瞰して見るがごとく、どこか上滑りしながら、それでも真剣な心もちで世界の不条理を嘆き、憤っていた。そして、この世界のどこかにあるはずの真理を探し続けた。その態度こそ若者たちの特権だった。

マニ教はそういう青年たちの心を巧みに摑み、その内側にうまく入り込んだのだった。


マニ教は、光と闇、善と悪、霊と肉との強烈な相剋から、「世界」を説明した。

この世界に悪が氾濫しているのは、愚鈍な神に創造されたものだからだ、と。

旧約聖書に記された創造神は怒りっぽく、理不尽で無能な神だ、と。その神が創造した世界が闇であるのは必然である、と。

であるならば、闇であるこの世界から解き放たれ、光の世界へ脱出しなければいけない、と……。

その理屈は、鬱屈した心で世界の闇を見つめる青年たちにとって、ひどく魅力的で、筋が通っているように映った。

アウグスティヌスはその教えを聞いたとき、心を覆う厚い雲が一気に吹き跳ぶような心地がした。この世界にある不条理さ、その理由を鮮やかに説明されている気がしたから。

それで、ホノラトゥスやアリピウスを誘い、マニ教の集会に足しげく通うようになった。救いの鍵が、マニの遺した言葉にある、と教えられると、その言葉を探究することに生涯をささげようではないかと語り合ったりもした。

が、そうしているうちにふと思うこともあった。この世界の不条理についての筋の通った説明を聞いて、それで何が解決されたのかと。悪はなお地上にはびこり続けている。自分の内に巣食う怒りや憎しみはグロテスクに残り続けている。

マニ教の司教に尋ねれば、そんなことに心動かすな、と諭された。間違いだらけの世界を正すことに、何を期待しているのか、と。そんな関心は捨てよ、あきらめよ、と。ただ、この世界を超えた光の世界に心を向け、マニの遺した書物を読め、と。

それでは、とアウグスティヌスは思った。この世界に生きる意味がどこにあるのか。この世界から今すぐにでも脱すべきではないか。しかし、マニ教の司祭たちはいずれもがこの世の生を享受しているように見える……。

あの時、そんなことを考えていた、と思い巡らしていたところに、アリピウスの呼ぶ声が聞こえてきた。

――ポシディウス君との洗礼準備会のお時間です。

以前にアウグスティヌスをタガステに訪ねたポシディウスが次の復活祭（イースター）に洗礼を受けることになっていた。そして、修道院への寝泊りをワレリウスから特別に許可をもらい、アウグスティヌスの指導を受けていた。

アウグスティヌスは昨日のポシディウスとのやり取りを思い出す。

――旧約聖書を初めから終わりまで読み通せましたか。宿題でしたね。

――それが……、読むには読んだのですが……。どうも、面白くないというか……。イエス様は信じています！　もっと聖書のことを知りたいとも思っています。でも、旧約聖書はよく分からないんです……。

アウグスティヌスは苦笑しながら、まるでかつての自分が目の前に座っているようだと思った。

――そうですね、それでも、とにかく読むことです。つまらないと思っても、難しいと思っても、少しずつ読み続けることです。ただ一つだけ大切なことがあります。それは神を愛することです。神からあなたに届けられた、この聖なる文書を愛することです。その一点が守られているならば、少々分からなくても、少々間違えても大丈夫です。愛と信頼が神の言葉をあなたの言葉にしてくれます。さあ、きょうの学びを始めましょう。

※『信の効用』は、『アウグスティヌス著作集4』（教文館、一九七九年）から引用。

3　柔らかな光に包まれた日――マニ教との対峙Ⅱ

僕たちは宗教について探求しているのだが、神のみがこの非常なる困難に対する救いを与えることができるのである。僕たちは神がいましたもうことと、神が人間の心を助けたもうことを信じるのでなければ、真の宗教そのものを探究してはならないのだ。

（『信の効用』三・一）

彼（※イエス）は奇跡的に生まれ、かつ奇跡を行なうことによって愛を獲得したもうた。また死と復活によって恐れを排除したもうた。

さらに彼は、その他語れば長いすべてのことにおいて、ご自分をあらわし、僕たちが、神の寛仁が如何に深く及ぶものであるのか、また人間の弱さが如何に高められるかを知ることができるようにしてくださったのである。

（『信の効用』三・三）

ひゃーーーーという悲鳴が炊事場から修道院中に響き渡った。アリピウスの声だ。今日も現われたのだ。カサカサと黒光りする身体を地面と擦り合わせ、頭から伸び出た二本の触角を陽気に揺らし、地面を、壁を、天井を縦横無尽に闊歩する、あの虫が今日もその姿を現わした。

くるなーーーーという続報も聞こえてくるところからして、どうやら、あの虫はたった今、アリピウスの顔めがけてダイヴしたらしい……。

アウグスティヌスの口元に笑みが走る。あの虫が嫌いではない。その生命力の強さに一定の敬意を抱いてもいる。が、アリピウスのさらなる悲鳴が聞こえてきそうなので、席を立った。

その時まで、アウグスティヌスは旧友ホノラトゥスのことを考えていた。若き日の多くの時間を共に過ごし、今、マニ教に留まっているホノラトゥスから送られてきた手紙に、返事を書き送るためだ。

ホノラトゥス君、僕たちはかつて世界の悪について語り合った。しかし、僕たちは大切なことを見落としていたのではなかったか。それは自分たちの内側にある悪だ。本当は、それを見つめることから始めなければいけなかったのだ。そうすることなしに、僕たちはまるで高みの見物のようにして、世界の悪を語り合っていた。

君と会わなくなってから――それはつまり、僕がマニ教から距離を置き、君は留まったからであったけれど、僕たちはそのことについて何かを語り合ったことはなかったはずだ――、僕はミラノの司教アンブロシウスが記した『エクサメロン（*Examerom*）』という書物を読んだ。すると、その一節にこう記されていた。

われわれの敵は内部にいる。……君の心の中を尋ねてみたまえ。君の心がどんな考えを抱いているか、君の魂がどんな欲望を抱いているか、見張りを立てたまえ。まさに君自身が君にとって誤謬の原因なのであり、君自身が君の恥ずべき仕業の先導であり、悪事を唆す者なのだ。それなのに、なぜ君は自分以外の自然を呼びつけて、自分の過ちの言い訳にしようとするのか。
（『エクサメロン』八・三一）

そうなのだ。僕たちがまず心向けるべきは、世界の悪である前に、自分たちの内側にある悪だった。世界の不幸を嘆く前に、自分の不幸を嘆かねばいけなかった。世界が変わる前に、自分が変わらなければいけなかった。

どうだろう。そのことに気づいてから、僕は前よりこの世界のことを愛しく、もっと知りたいと思うようになった。依然として分からないことばかりだけれども。

突然、降る雨に、激しく揺れる大地に、心を痛めている。

それでも、僕はこの世界を創造された神が善なるお方であることを信じている。信じることなのだ。そこからすべては始まる。世界を汚す僕の心を、神は今日も憐れみにおいて抱きしめ、ここに在ることをゆるしておられる。僕に神を信じることをゆるしておられる。この神を僕は愛し、大切に思っている。

そういえば、アンブロシウスはこんなことも書いていた。

光は、ものを見ようとする人に、まさに見ることを可能にする……。（『エクサメロン』九・三四）

今日、ヒッポに降り注ぐ光は美しい。その光景を、できれば、君と共に見たいと思う。そして、聖書の言葉を共に味わいたいと願う。この世界は、決して愚鈍な神に創られたものなのではない。そのことを僕たちは分かち合えるはずだ……。

そのような思いをアウグスティヌスは手紙にして、ホノラトゥスに送りたいと考えた。それはやがて『信の効用（*De utilitate credenda*）』という文書にまとめられることになる。

アウグスティヌスが炊事場を覗くと、アリピウスとポシディウスの、悲壮感を漂わせている背中が見えた。それぞれの手には履物が握られている。

あれであの虫を倒せると思っているところが微笑ましい、とアウグスティヌスはわざと大きな足音を立てて近づいていく。

二人が何てことをするんだという顔で振り向く、その間を、虫は艶やかな羽根をふるわせることですり抜け、アウグスティヌスの丸めた手のひらのなかにすぽりとおさまった。

再び、ひゃーーーーーという悲鳴が修道院中に、いや隣接する礼拝堂にまで響き渡った。

——司祭、な、なんてことを。

アリピウスの手にはまだ履物が握られたままだ。

——わたしは嫌いではないんですよ。が、仕方ありません。外の土があるところに逃がしてきましょう。

そう言うアウグスティヌスの手の中で、虫はじっとしたまま成り行きに身を任せていた。

――そんなことしたら、また中に入って来るじゃないですか。

――善き創造、善き創造。ポシディウス君、今日は洗礼準備会を外でしましょう。いいお天気ですから。

アウグスティヌスは、ほっほっほっと、まるでワレリウスのように笑いながら外に出ていく。信仰の一片もそのように継承されていく。世代から世代へと。

アウグスティヌスの手から放たれた虫は、お礼のお辞儀をするように触角を一度、二度と動かしたあと、さささっと体の色を土と一体化させ、その姿を見えなくした。

恐る恐る修道院を出てきたポシディウスに、アウグスティヌスは土をいじりながら語り始める。

――「人間らしさ（humanitas）」という言葉は、「大地、土（humus）」という言葉からできています。おもしろいものです。聖書には、人間が土の塵で形づくられたと記されていますし、やはり人間は大地に生きる存在です。時に、地べたを這い回るような苦しみがあり、地面に顔を擦りつけるような恥ずかしさがあり、けれども、ちゃんと地に足をつけて生きていかなければいけません。私たちが信じる神の御子も、そういう人間として、この世界に生きてくださいました。そうして生きる価値が、この世界にはあるからです。

アウグスティヌスは土まみれになった手のひらをポシディウスに広げて見せる。その手を、春を待つ柔らかい光が撫でていた。

※『信の効用』は、『アウグスティヌス著作集4』から、『エクサメロン』は『中世思想原典集成4』（平

凡社、一九九九年）から引用。

4　永遠の生をめざす行進

「わたしの神よ、わたしが昼の間あなたに向かって叫んでも、あなたは聞いてくださらない」（二二・三）※。わたしの神よ、わたしがこの世の生の幸いの中でそれが変えられないようにと叫んでも、あなたは聞き入れないだろう。わたしが罪の言葉であなたに叫ぶだろうからだ。「夜もまた、わたしが愚かにならないために」（同）。またこの世の逆境にあっては、たしかに幸いが来るようにとわたしは叫ぶだろうが、あなたは同じように聞き入れないだろう。あなたがこのようにするのは、わたしが愚かになるためではなく、むしろ、あなたがわたしに何を叫ぶように望んでいるのかをわたしが悟るためである。時間的な生の欲望から罪の言葉で叫ぶのではなく、永遠の生を目指し、あなたに向けての回心の言葉で叫ぶためである。

（『詩編注解（*Enarrationes in Psalmos*）』二二・三）

※新共同訳の区分では詩編二二編三節。この区分は、古ラテン語訳からのもの。

饐えた臭いが礼拝堂に充満し始めるとき、人びとは春の訪れと復活祭の到来に気づかされた。

臭いのもとは、その年に洗礼を志願している者たちにあった。彼らには復活祭前の四〇日間、入浴が制限されていたから。

普段、街の大半の者が共同浴場に通っていた。浴室を自宅に備える者などほとんどいない時代である。共同浴場は、人びとの出会いと団欒の場であり、であれば、罪の端緒が無数に転がる場所にもなった。衣を脱ぐと、人は大胆になる。不貞と不和とに容易に身を任せ、時には無節操に喜んで誘われもする。そのような浴場から、暫しのとき、離れることが志願者には課せられた。罪は遠ざけるべきものであることを彼らがその身で学ぶためである。

必然的に、志願者たちからは鼻をつく強い臭いが発せられるようになった。さらに断食と集中的な教理教育のために、彼らの顔面は一様に青白く、死を間近に見据える病者の如くになった。

その一群が礼拝堂の一番前の席に座り、力なく背中を丸め祈っている。その様が、この季節の風物詩になっていた。

人びとは、「わたしの時の臭いはこんな生易しいものじゃなかった」と語り合うことでこの季節を過ごしてゆく。その交わりを人びとは愛した。

そして、見つけることになる。

復活祭を目前に控えた主日の午後。司教の執務室の前に並ぶ志願者の列を。一人ずつ教えられた信条を暗唱するためだ。その「試験」に合格した者だけが洗礼をゆるされる。

ポシディウスもその列に並んでいた。

ヒッポの街でも幼児洗礼が広まりつつあり、ひと昔前に比べれば、洗礼志願者の数は減っていたけれども、依然として列は長く、ポシディウスが自分の番を待ち始めてから既に一時間以上は経過していた。

志願者の顔ぶれは多様だ。

文字が読めない人や、人前に立つことが極度に苦手な人もいる。先ほどまで覚えていたはずの信条が、いざ自分の番がやってくると、ぜんぶ頭の中から飛んでしまう。つっかえてしまう。パニックに陥る。そんな人たちもいる。しかし、それは仕方のないことだ。

そういう人たちに対して、司教ワレリウスは「安心してください、大丈夫ですよ」と、深呼吸を促がした。ゆっくり、ゆっくりと。

ワレリウスが確認していたのは、志願者が信条を一字一句間違わずに発することでは、必ずしもなかった。

教会が信じてきたことを信じ、その告白を自分の心に刻み付けてきたかどうか。

洗礼式のあとも同じ信条を唱え続ける心持ちがあるのかどうか。

その姿勢をこそワレリウスは鋭く見ていた。

そのために一度も言い淀むことなく暗唱し得ていながら、洗礼を翌年に延ばされ、首をかしげている者が年に二、三人はいた。

さて、ようやくポシディウスの番がやってきた。ワレリウスは数歩離れたところに立つポシディウスを見て、いい目をしているなと思った。これはもう合格だな、と。その目は幾分の蔭りを帯びながらも、希望の光が強く、深く差し込んでいた。

ポシディウスは信条を暗唱した。一つひとつの文言を噛みしめて。一度も言い間えることなく。

ワレリウスの声が轟く。

——主に感謝！　洗礼を許可します！

その時、ポシディウスの背中にひと筋の汗がつたう。そのひんやりとした感覚を彼は生涯、忘れることがなかった。神からの激励を受ける心地がしたから。

実はその前日、ポシディウスはアウグスティヌスに不安を吐露していたのだった。

——わたしはまだ信じる力が弱く、善を見つめる力も乏しく、聖書のことも分からないことだらけです。本当に、この年に、洗礼を受けていいんでしょうか。

よいスタートラインに立っていると、アウグスティヌスは思った。そして、その導きを神に感謝した。

——不安を覚えることは悪いことではありません。しかし、そのために神様の恩寵を受け取ることに鈍くなってはいけません。あなたが抱いている不安より、あなたに与えられている神様の慈しみの偉大さを優先させましょう。弱くても、乏しくても、あなたは信じることをゆるされました。それは神様からの贈り物です。大切にしてください。

ポシディウスは、そういうものか、と天を見上げる。

こうして、教会と志願者は、聖なる一週間に踏み出してゆく。

主イエス・キリストの受難と十字架、復活を心に巡らせる一週間へ。

世界と自分の罪に対する赦しを神に深く請い願う一週間へ。

神の赦しと、恩寵の偉大さに圧倒される一週間へ。

月曜、火曜、水曜日と、人びとは目でだけ会話をし、口は沈黙に徹する。主は沈黙をもって十字架への道を歩まれた。その道を各自の心で辿るためだ。

木曜日になると、控えめな歓びのささやきが聞こえ始める。断食の期間が終わり、貧しい者にはパンが配られる。食事の恵みを共にするためだ。主と弟子との最後の晩餐を記念するためだ。そのために洗礼志願者には入浴がゆるされもする。

金曜日には、皆が礼拝堂に集い、詩編を歌う。主が十字架に架かられた日。その日に、人びとは体験するのだ。「わたしの神よ、わたしの神よ、なぜわたしをお見捨てになるのか」（詩二二・二）という嘆きの調べに沈み、「わたしは兄弟たちに御名を語り伝え、集会の中であなたを賛美します」（二三節）という喜びの調べに浮上するのを。その転調を人びとは歌う。神は、そのように闇から光へと人を救われると、わたしを救われたと。

土曜日には再び静寂が街を包む。視線で会話を交わすことも、その日にはもうない。主が墓で休まれた日だ。人びとは今一度、断食をし、呼吸をすることさえ憚りながら主の死を思う。自らの死を思う。そして、その死の終わりを思う。

その先に、ついに祝祭が日没と共に始まる。しかし、その晩、ヒッポの街に夜を見つける者はいない。街中の光という光が灯され、夜の帳が破られるからだ。
人びとの目は洗礼堂へと向かいゆく志願者の行進をとらえる。その手を引くのは聖霊だ。志願者の踏みしめた春の若草が仄かな香りを発している。死に勝利した生命の香りだ。皆が待っている。今か今かと。洗礼堂から司教の声が発せられるのを。

ついに、時が来た。厳かな声が眩い光の中に響く。
――父、子、聖霊なる神を信じるか。
続けて、志願者の声が聞こえてくる。
――信じます。

※『詩編注解』は、『アウグスティヌス著作集18/I』(教文館、一九九七年)から引用。

5 憩いの水の中へ

「主はわたしを青草の原に休ませ」(二三・二)※。主は芽を出し始めた牧草地に、わたしを信仰へ導くために連れて行き、そこにわたしを置いて養い育てられた。「憩いの水のほとりに伴い」(同)。健康と力を失った者が新しくされるバプテスマの水のほとりに、主はわたしを導かれた。

……恵みと慈しみはわたしをただこの生の中で追うのではなく、さらにわたしが永遠に主の家に住むようにしてくださるのである。

（『詩編注解』第二三編）

※新共同訳の区分では詩編二三編二節。この区分は、古ラテン語訳からのもの。

日暮れと共に始まる復活祭の礼拝はひと晩を跨いでゆく。

眩い光が灯された礼拝堂。

綻んでゆく日常の縄目。

語り繋がれる聖書朗読。

礼拝堂に集う人びとは、天地創造に始まり、復活の朝を経て、世界の完成に至る、その壮大な神の物語の中に包まれてゆく。いろいろな人たちがいた。しかし、皆が神の物語の中に生きていた。


一人の婦人が窓の外に目をやっている。視線の先には夜を見失った猫三匹が駆け回っていた。いつもの闇を、その欠片でも探すように。その様は、主が復活された日の朝、空の墓から駆け出した女性たちの恐れと戸惑いを表象しているようにも見えた。

婦人は「何と信心深い猫たちだろう」とつぶやく。そのつぶやきを耳にした隣の男がぶふっと噴き出したところで礼拝堂が沈黙を選択した。

聖書朗読が中断され、人びとの意識は礼拝堂の外へ、洗礼堂へと集中する。

天蓋に覆われた洗礼堂の中で、司教ワレリウスは洗礼盤を見つめていた。古くから使われてきた八角形の洗礼盤である。これまでどれほどの人がその中に身を浸してきたのか。縁に描かれた魚の模様が、カルタゴのテルトゥリアヌスの言葉を思い出させる。

イクテュス※である私たちのイエス・キリストに従って水の中で生まれた私たち子魚たちには、水中にとどまっている以外に安全でいられる場所はない。

（テルトゥリアヌス『洗礼について（*De baptismo*）』一・三）

※「ΙΧΘΥΣ」。ギリシア語で「イエス・キリスト、神の子、救い主」の頭文字を繋げたもの。「魚」を意味する単語となる。「魚」は古代教会以来、特に迫害下、信徒が互いの信仰を確認し合うシンボルとして用いられた。

ワレリウスは毎年、この場に立つことに畏れを抱く。神が人間を救いたもう、というその偉大なる神秘を洗礼式というかたちにしてあらわすのだ。その場を執り仕切るにふさわしい人間などいない。ワレリウスはこれから神の御名を発する自身の口の乾きに気づいていた。聖なる御名を語り得る人間などいない。人は皆、どす黒いものを抱える罪人なのだ。司教もその例外ではない。神の憐れみが今、ここになければ何も生まれはしない。何も起こりはしない。ここに神が共にありたもうからこそ……。

ワレリウスは祈る。祈りながら、志願者たちの顔を思い浮かべもする。

この世を生き抜いていくことは過酷である。神の恩寵は大きすぎて、人間の小さな眼でとらえきることはできない。だから不安になる。しかし、だからこそ神は小さな人となりたもうた。志願者たちが今、抱いている、神に従い抜く決意を神がお守りくださるように。洗礼を支える恩寵は神からのものであるから、その祝福は、誰にも、彼ら自身にも奪い取れないものであるから。そのことを忘れないでいられるように。

ワレリウスの祈りが一つひとつ重ねられてゆく。

神の触れる時が一つひとつ新しくされてゆく。

洗礼盤を満たす水の波紋が一つひとつ消えてゆく。

準備が整えられた。

ワレリウスは水の温もりを確認し、傍に控える奉仕者に合図を送る。

それから、さあ、始めましょう、と志願者たちを呼びこむ。

新しい生へ、招かれよ、と。

丸裸になった志願者たちが一人ずつ、洗礼盤の中へと身を浸してゆく。

母なる教会の胎内に帰ってゆく。

父なる神の懐に抱かれゆく。

洗礼盤の中へ一段、二段、三段と階段を降ると、志願者の体が半分ほど浸かった。

——父、子、聖霊なる神を信じるか。

高い所から聞こえてくる声に志願者は応える。

——信じます。

司教は洗礼盤の温かい水を両手ですくいとり、天に振りかざしてから、志願者の頭に振り下ろす。

水の粒が時間差で志願者に滴り落ちる。

司教の手の重みが志願者の全身に伝わる。

体が水の中に沈む。そして、引き上げられる。

その同じ所作がもう二度、繰り返される。

その時を経て、志願者は「信じる者・信徒」と呼ばれるようになる。

最後に司教は天を仰いで祈りをささげる。

——主なる御神よ、今、この者を、水の洗いによって、御子の赦しを受けるに足る者としてくださいました。感謝をいたします。この生涯とその生の先に至るまで、いついかなる時にも、恩寵を注ぎ、聖霊で満たしてください。栄光はただあなたに、父と子と聖霊とに、聖なる教会の中で。今も、そして世々とこしえに。アーメン。

その後、信徒は洗礼盤から一段、二段、三段と手を引かれ、踏み出してゆく。すると、すぐに控えていた奉仕者が体を拭いてくれる。

そして再び司教の前に立つ。香油を注いでもらうためだ。それは神の祝福のしるしであり、寒さから身を守るためのものでもあった。

人間は魂にも、肉体にも温もりを必要とする。

司教の目がこの上なく優しいものになっていることに信徒は気づく。春風を思わせる微笑み。

——おめでとう。よかったですね。


信徒は純白の亜麻布で織られた真っ新の衣を着せてもらい、その年のすべての志願者が信徒となってゆくのを待つ。

最後の人に油が注がれた時、司教は疲労困憊の様子であったが、その顔は幸福感に埋め尽くされていた。人差し指が礼拝堂に向けられる。

——さあ、帰りましょう。

司教を先頭にして、真白な衣を身にまとう信徒たちは礼拝堂へ戻ってゆく。その光景は、夜空を進む天使の行列のようにも、荒れ野を旅する羊飼いに導かれる羊の群れのようにも、見えた。

礼拝堂に歓声が沸きおこる。

講壇にはアウグスティヌスが立っていて、聖書朗読が再開される。

この夜、皆で聞く最後の御言葉だ。

「もはや死はなく、もはや悲しみも嘆きも労苦もない。最初のものは過ぎ去ったからである」（黙二一・四）。

地平線がうっすらと白くなってきていた。皆が疲れていた。礼拝堂の端で体を横たえている者もいる。しかし、このひと夜、幸福感がその場を離れることは一度もなかった。

アウグスティヌスは残る力を振り絞って語る。その目尻には光るものが見えた。

――主はご復活されました。わたしたちが目覚めるためです。死も眠りもない生の中に。さあ、偉大な夜が終わります。偉大な日常を歩み始めましょう。

皆が、アーメンと叫び、ひと夜に及ぶ礼拝は閉じられた。

信徒はこの後、復活祭の余韻にもう少し浸かったあと、日常へと戻っていく。この夜に見つめた神秘を、それぞれの日常のなかでも見つけていくためだ。

礼拝堂の入り口の陽のよく当たるところに、ひと晩中、走り回っていた猫が三匹、重なり合いながら気持ちよさそうに眠っていた。

婦人が近寄り、「あなたがたに平和があるように」と囁くと、一匹の猫がふわっとあくびをしながら啼いた。それが何となく「シャローム」と聞こえたようで婦人は嬉しくなった。

※『詩編注解』は、『アウグスティヌス著作集18／I』から、『洗礼について』は、『中世思想原典集成4』から引用。

6 心の燃焼を耐え忍びなさい

「主を待ち望め、雄々しくあれ。そしてあなたの心を強くせよ。そして主を待ち望め」（二六・一四）[※]。しかし、いつそのことがあるのだろうか。そのことは死すべき者には厄介であり、愛する者には待ち遠しい。しかし、「主を待ち望め」と言う者の偽りではない声を聞きなさい。男らしく腎臓の燃焼を耐え忍びなさい。また勇敢に心の燃焼を耐え忍びなさい。まだあなたが受け取っていないものがあなたには拒まれたと考えてはならない。絶望によって衰弱しないために、「主を待ち望め」と言われていることを見なさい。

（『詩編注解』第二六編）

※新共同訳の区分では詩編二七編一四節。この区分は、古ラテン語訳からのもの。

復活祭の次の日曜日。礼拝が始まる前に、洗礼を受けたばかりの「信徒」が集められた。司教ワレリウスが彼らに語りかける。

――恵み深い準備期間を経て、無事に洗礼式を終えられた皆さん、神様の導きを共に感謝いたしましょう。ここからが始まりです。そこで、ひとつ宿題を出しておきましょう。コホン。結局、愛とは何だと思いますか。

志願者の中から、すぐに幾つかの手があがる。しかし、ワレリウスはその手を静かに厳しく制す。
——あわてない、あわてない。これは「宿題」です。皆さんがこれから生涯かけて考えてください。考え続けるべきことです。さあ、礼拝が始まります。

信徒はこれから変化していく。よきようにもそうではないようにも。目に見えるかたちでもそうではないかたちでも。街もまた変化してゆく。

アウグスティヌスがヒッポにやってきてから街にもたらされた多くの変化の一つに図書館の新設があった。

それまでにも司教の執務室の一隅に申し訳程度の本の置き場があるにはあったが、今後それでは不十分と考えたワレリウスの大号令によって、修道院に併設する新しい図書館が造られ、書庫にはアウグスティヌスが書いた文書や説教の速記録をはじめ、教会内外の書物が地域を問わず幅広く収集されることになった。

そのどれもが貴重なものであったので、誰もが自由に閲覧できるわけではなかったが、必要な手続きを踏めば、誰もが写本を作成してもらうことができた。

——司祭。ご依頼いただいていたキプリアヌスの『偉大なる忍耐（*Liber de Bono Patietiae*）』の写本ができあがりました。

図書館の管理を任されることになったのは、アウグスティヌスの父親ほどの年齢の大柄な男で、

「本を触っているのが幸せ」と言うのを口癖にしていた。他に取り柄はなく、しかし彼ほど新しい図書館の管理を任せるのに相応しい人物はいなかった。男は誰よりも書物を愛し、頁の一枚一枚を丁寧に扱った。そして、写本を依頼される度にその知識を増していった。

男はアウグスティヌスに写本を手渡して言った。

――キプリアヌスというと、一〇〇年以上前の人ですけど、昔の人はいいこと言っているもんですなあ。迫害の時代に教会を守った人ってのはたまげるほど大したもんです。

本当にそうですね、と言ってアウグスティヌスはきれいな薄紙に包まれた写本を受け取った。

洗礼式のあと、新しく「信徒」になった者の幾人かが、修道院での生活を希望していた。彼らと共に学ぶ最初のテキストにアウグスティヌスは『偉大なる忍耐』を選んだのであった。

ありがとうございました、と言って、図書館を出るアウグスティヌスに男の快活な声が向けられる。

――司祭。街では、大陸が内戦やら流行り病やらで大変だという話でもちきりですから。この港にもいろんな所から人がやって来とります。わたしゃ、人のいのちとこころがどう扱われていくのか心配しとります。司祭、これからですよ。いや、えらそうなことを言ってすんません。

アウグスティヌスはもう一度、ありがとうございました、と言って頭を下げ、はたと立ち止まり、「平和があるように」と微笑んでから、自室に戻った。

ふっと息を吐いてから、できたての写本を開く。

柔らかな筆跡で書かれた文字が整然と美しく、書き連ねられていた。男の無骨な風貌からは意外に思えるほどの目に優しい文字だった。

アウグスティヌスは声に出し読んでみる。そうすることを促す文字だった。すると、一〇〇年前に生きた司教キプリアヌスの姿を眼前に見る思いがした。

言葉が心に刻まれてもゆく。時代の荒波をくぐり耐えてきた言葉が。同じ経験を修道院での生活を始めた者たちにもしてもらいたいと思った。言葉は心に記されることで、その人のうちに生き始めるから。


三日後、アウグスティヌスは皆を集め、『偉大なる忍耐』を朗読した。原則は心に記し記憶することであったが、必要に応じてメモをとることをゆるした。

――皆さん、キプリアヌスは、「忍耐の起源も偉大さも、神から発する」(『偉大なる忍耐』三)と語っています。私たちが「忍耐」を学ぶことは神の忍耐を学ぶことであり、「忍耐」を身にまとうことはキリストを着ることに繫がります。キリストを学ぶために、この書物を共に学びたいと思いました。

さて、新入りのエオモトゥスさん、印象に残ったところはありますか。

昨日、引っ越しが終わったばかりのエオモトゥスは突然の指名に、困惑しつつも答えた。

――「忍耐」が育むものとして、「謙遜」、「柔和」、「平静」、「寛大」、「慈愛」という言葉が繰り返し語られていることが印象的でした。こう言われましたよね。

忍耐の徳には果てがない。その豊かさと広大さは、あたかも泉がふき出るように「忍耐」というただ一つの名から発してはいるが、その栄光に輝く大いなる旅路を通して、つきることのない水脈を通して、豊かに広くあふれているのである。

（キプリアヌス『偉大なる忍耐』二〇）

アウグスティヌスは、嬉しそうに言葉を繋げる。

——そうですね。「忍耐（patientia）」は「受け容れる（patior）」ということと結びついた言葉です。キリストは神の子でありながら人間となることを受け容れられました。私たちの罪を受けとめられもしました。そこには神の謙りがあり、私たちへの赦しがあります。わたしはキプリアヌスの示した「忍耐」を「愛の忍耐」と呼びたい。それこそ神の忍耐であり、私たちがそう生きるように示された偉大な善です。こうも記されていましたね。

愛は、兄弟間のきずなであり、平和の基礎であり、同心一致の強固さである。愛は、希望や信仰より偉大で、善業にも殉教にもまさり、天国においても、常にわれわれとともに永遠に存続するであろう。この愛から忍耐をとり去ってみよう。忍耐がなければ愛も存続しない。この愛から耐え忍ぶ力をとり去ってみよう。そのとき、愛は根と力を失ってしまう。

（キプリアヌス『偉大なる忍耐』一五）

——忍耐において焦燥から平静に、苛立ちから温和に。私たちの心がキリストの港に停泊する時、私たちは愛を信頼し続けることができますし、神のもたらす時の訪れを待ち続けることができます。希望を心の内に蓄え続けることもできます。

胸の中に忍耐を保て。……それは、平和の神が楽しみ住まう心の中に、平和なすまいがいつまでも守られているためである。

（キプリアヌス『偉大なる忍耐』一六）

※『詩編注解』は、『アウグスティヌス著作集18／I』から、『偉大なる忍耐』は『偉大なる忍耐・書簡抄』（熊谷賢二訳、創文社、一九九五年）から引用。

7　戸惑う一つの魂――マニ教との対峙Ⅲ

まずあの二種類の魂についてであるが、彼ら〔マニ教徒〕はそれぞれ固有の本性を帰属させ、一方は神の実体そのものに属するが、他方は神が造ったものではないと解させようとしている。もしわたしが、神に対する祈りをこめた敬虔な思いをもって、慎重に用心深く考察していたならば、おそらくどのような生命であれ、それが生命であるという事実によって、またまさに生命である限りにおいて、生命の最高の源泉と根源に属さないようなものは存在しないことが、わたしにも十分明らかになったであろう。この生命の最高の源泉と根源とは、他ならぬ最高唯一の真なる神であるとわれわれは告白せざるをえない。

（『二つの魂（*De duabus animabus*）』一・一）

そして、実際わたしはマニ教徒が誤っていることを十分知っているのと同じくらい、罪が悔い改められるべきであることも知っている。

（『二つの魂』一四・二三）

ポシディウスが修道院での生活を始めてから、自分の部屋の隅に埃が溜まっていることに気づけるほどの月日が経った。当初、滞りを見せていた時の流れはこの頃、その歩調を速めたようである。アウグスティヌスの旧友ホノラトゥスが修道院に顔を覗かせたのは、激しい陽光が木々の葉を青く照らす季節であったと、ポシディウスは記憶している。

二人は旧交を温めるべく、連れ立って浜辺へと歩いていった。

そのことをアリピウスに伝えると、「わたしにもひと言、声をかけてくれればいいのに」と残念がっていたが、「夕食はここで一緒にされるそうです」と伝えると、「それはいい」と炊事場に駆けていき、「その前に買い出しだ」と市場の方へと走っていった。

お客さんが来た時に、修道院の食事は慎み深くも華やかになった。野菜や果物、肉や魚が並べられ、ぶどう酒が忘れられることもなかった。語らうことを愉しむために。

太陽はまだ轟轟たる輝きを発しながらも、水平線に身を寄せつつあった。アウグスティヌスとホノラトゥスは、こうして二人で話すのは何年ぶりだろう、と考えながら、しばらく黙って砂浜を歩いた。

それぞれに流れた別々の時間を二人は確かめていたのだ。

最初に口を開いたのはホノラトゥスであった。

――今度、フォルトゥナトゥス先生と公開討論会をやるらしいね。僕の所にも集うようにとの知らせが来た。彼はよい人だよ。


フォルトゥナトゥスはマニ教の司教であり、ヒッポに長く住むことで信者からの尊敬を広く集めていた。そのマニ教司教と、元マニ教徒にして新進気鋭の公同（カトリック）教会司祭との対論を人びとは半ば面白半分に、半ば真剣に、八月二八日、二九日という具体的な日程まで設定し、両者に求めていた。

両者は戸惑いつつ、しかし、真理を語っているのはどちらか、という宣伝が大々的になされるなかで、共に引き下がることが難しくなり、アウグスティヌスは、司教ワレリウスが「おもしろそうじゃないですか」と言うに及び、腹を括ることになった。


――そのために、わざわざミラノからヒッポまで！　大陸の方では内乱も流行り病も収束しないと聞くのに。この調子だと、ヒッポから帰れなくなるよ。世界が闇に覆われているように、君には見えるのかな。

「そうだね」と言うホノラトゥスの眼差しに影が差す。

アウグスティヌスの叩いた軽口に、望むような効果が生まれないのは、二人を隔てる距離のせいだった。

心が、時が、生み出した距離。砂浜を踏みしめる足音は聞こえているのに、今、ひと吹きの熱風の中に共に身を置いているのに、互いの姿は遠く、捉えがたく、霞んで見えるようだった。

ホノラトゥスが水平線に視線を置いたまま話す。

——討論会の前に、君の手の内を探るつもりはなくて、その点については誤解しないでもらいたいのだけれど、君の中には、もう、マニの教えが、たとえそれが名残のようなものであったとしても、本当に残っていないのかな。

アウグスティヌスも同じ水平線を見つめながら答えた。揺らぐことのない一線を見つめながら。

——「マニの教え」ということであればそれはもうない。本当にないんだ。ただ、「教え」を通して出会った人たちの顔は忘れていない。お世話になったからね。僕を「教え」に最後に繋ぎとめていたのは、あの人たちに対する恩義だった。そのために随分と苦しみもした。

はっきりとした口調で、しかし、顔を歪め、惑うように話すアウグスティヌスの横顔を見て、そういえばこういう人だったな、とホノラトゥスは思った。

そして、その横顔に語りかける。

——君からもらった手紙を読んで、僕もその通りだったと思う部分があったよ。そこで一つ教えてほしいんだ。マニは、僕たちの魂には、神から発せられた善い魂と、神とは一切関係ない悪い魂との二つの魂があると教えている。僕たちが生き延びる道は、この悪の魂を切り離すことだ、と。そして、善い魂だけをもって天国に導かれることだ、と。この教えは間違っているのだろうか。

——その教えは魅力的だったね。そんなふうに切り分けて、善き魂だけをもって、真実な愛に生きられたならば、そして死んでいけたらと何度、夢見たか分からない。でも、僕の魂はそういうふうにできてはいなかった。僕のなかには一つの魂しかない。一つの心で、僕はためらい、あっちがいいなと思ったり、こっちがいいなと思ったりして戸惑っている。何が正解か明確には分からないままだよ。僕の魂はいつも動いているんだ。それが生きているということだ。決して善と悪とに固定されていない。いつも揺れ惑っている。その一つの魂を、神がつくられたんだ。僕の中に神と無関係なものは何一つないんだよ。「すべてのものが神から出ている」（Iコリ一一・一二）という聖書の言葉は真実だ。

アウグスティヌスは自分が喋りすぎていることを自覚していた。それでも、もう一つだけ言葉を付け加えることに躊躇わなかった。

——それから、もし、善い魂と悪い魂との二つの魂があるのだとしたら、救いはどのようにして起こるのだろう。悔い改めはどのようにして起こるのだろう。善い魂は罪を犯さないから悔い改める必要はない。悪い魂は神と無関係のものであるから悔い改めても無駄だ。そうだとすれば、どこに救いがある。魂が二つあるならば、善と悪とにそれぞれ自分の居場所を見つけて留まったままだ。それは本当だろうか。僕にはそう思えなかった。僕は救いを知ったんだ。魂が動いたんだよ。悪から善へ。意志が魂の運動であることは君も認めてくれると思う。僕たちの心は動くじゃないか。悪から善へ。もちろん、善から悪へもだけれど……。しかし、神は僕たちの魂を悪から善へ動かしてくださるじゃないか。僕は腹の底から神に魂のことを教えてほしいと懇願し、祈り、そのことを知った。君も気づいているんだろ。

太陽は穏やかな表情で水平線の向こう側にその身を沈めていった。空は淡く三層の色を重ねながら夜の準備を始めていく。

アウグスティヌスは笑った。

――ああ、お腹が空いた。まだ、公開討論会まで日にちがある。それまでヒッポにいてくれるんだろ。さあ、夕食を食べに帰ろう。

ホノラトゥスも笑った。

――ありがとう。僕も、世界も、善く生きられる可能性がまだ残されているといいのだけれど。ああ、ここの海は本当にきれいだね。君の言ったとおりだ。

修道院ではアリピウスと、ポシディウスたちが二人の帰りを待っていた。

※『二つの魂』は、『アウグスティヌス著作集7』（教文館、一九七九年）から引用。

8　人間の魂は神ではない――マニ教との対峙Ⅳ

確かにわたしはあなたのたずねたことに答えよう。ただこのことだけは、すなわち、あなたはわたしの質問に答えようとしなかったのに、わたしはあなたに答えようとしていることは、おぼえておいてもらいたい。もし魂が神から下って来たのかどうかをたずねているならば、それはじっさい大問題である。しかし、神から下って来たのであれ、そうでないのであれ、魂については、それは神ではなく、神と魂とは別であることだけは、答えておこう。神は不可侵であり、不滅であり、不可入であり、汚されず、けっしてそこなわれることなく、けっして害されることもない。他方、魂は、われわれの見るように、罪を犯し、災いのうちにまきこまれ、真理を求め、解放者を必要としている。魂のこの変化は、魂が神ではないことをわたしに示してくれる。

（『フォルトゥナトゥス駁論（*Acta contra Fortunatum Manicheum*）』一一）

三九二年八月二八日。

アウグスティヌスとフォルトゥナトゥスとの公開討論会の日を迎えた。

会場に指定されたソッシウス浴場には朝早くから多くの人が詰めかけていた。その中には両陣営の応援者だけではなく、ドナトゥス派やローマ伝統の宗教を信奉する者もいた。

しかし、ホノラトゥスの姿はそこになかった。その理由は語られなかったけれども、エオモトゥスは何となく察してもいた。

ホノラトゥスがやって来た日の晩、修道院ではささやかな歓迎会がもたれた。食卓にはアリピウスが腕をふるった料理とぶどう酒とが並び、陽気になったエオモトゥスが、いつもの空気を読まない調子でホノラトゥスに尋ねた。

——昔のアウグスティヌス司祭はどんなふうだったんですか？

ホノラトゥスが視線を送ると、アウグスティヌスは「どうぞ、どうぞ」と笑った。

——そうだね、たぶん、今と変わらないと思うけれどね。口数は多い方ではないけれど、議論になると熱くなる。そして、負けない。僕たちの間では、〝アウグスティヌスを負かすのはアウグスティヌスだけだ〟というのが共通認識だった。そうだよね、アリピウスさん。

——そうそう、誰もかなわない。

だから……、と発してから、ホノラトゥスは言い淀む。次の言葉を選んでいるように見えた。すかさず、「どうぞ、どうぞ」と、アウグスティヌスがまた笑った。

二人は昔の呼吸を取り戻しつつあるようだった。

——たくさんの人がマニ教徒になったんだ。彼と議論した公同教会の人たちはみんな言い負かされてしまった。

部屋の中が静かになった。アウグスティヌスだけが頷いている。次の言葉を誰が発するのか。それを引き受けたのはホノラトゥスだった。

——ただ、その頃の司祭は苦しそうだった。

ホノラトゥスが発した「司祭」という言葉の響きは、アウグスティヌスを遠くにも、近くにも感じているように聞こえた。

——しかし、今の司祭はひとまず幸せそうだ。よい仲間に囲まれてもいる。その姿が見られてよかった。

ありがとう、と言うアウグスティヌスに、ホノラトゥスはもう一つ言葉を重ねた。

――公開討論会のあと、フォルトゥナトゥス先生がヒッポを去るようになることだけは避けてほしい。彼はここで長く暮らし、それに、いい人だから。

アウグスティヌスは何と言っていいのか、迷っているうちに、夜はふけていった。


そこにあった空気感を、エオモトゥスは討論会場の最前列に座りながら思い出していた。緊張を手の中に握りしめながら。

その時、歓声が沸き起こった。アウグスティヌスとフォルトゥナトゥスが舞台両脇からそれぞれ登壇したのだ。そして、いよいよ、熱戦の火ぶたが切られるはずであったのだが……。

その議論を要約に要約を重ねてまとめると以下のようになる。

アウグ　わたしは以前に真理だと思っていたマニの教えを、今は誤りだと思っている。あなたたちは神と対峙し、凌駕さえしかねない悪の存在を教えている。それは汚れなき神に対する冒瀆ではないのか。
フォル　君は我々の仲間であった。今日はまずマニ教がどういう信仰生活を送っているのか、その話をしよう。その清さを君もよく知っているはずだ。
アウグ　ごまかさないで頂きたい。わたしは信仰についての議論をしに来たのだ。

フォル　信仰といっても、我々は三位一体なる神を信じ、従いながら、その戒めを遵守しようとしているだけだ。栄光の神は不滅であり、永遠の中におられる。その神に遣わされたのが言なる独り子、すなわちキリストだ。彼こそが、悪の世界に囚われている善なる魂を選び出し、その魂を天よりの教えによって聖化し、再び神の御国へと導き連れ帰るのだ。この信仰は君たちのものと同じではなかろうか。

アウグ　キリストによって御国へ連れ帰るという善なる魂を、神はなぜ悪の世界へ投げ込まれたのか。善と悪とは混じり合うことがないとあなたたちは教えているのに。

フォル　ちょっと待ちなさい。我々の信じている神と君たちの信じている神とは違うのか、同じだろう。

アウグ　質問に答えてほしい。魂はなぜ悪の中へ投げ込まれたのか。なぜ魂は苦しまねばならないのか。

フォル　いや、君と私とは同じ三位一体の神を信じているではないか。そのことを議論しよう。

アウグ　聖なる神が不滅であられることは一致している。しかし、あなたはその神を凌駕しさえする悪を教え、その悪の中に善なる魂が神によって投げ込まれたと教えている。両者が混じり合うことはないと言いながらだ。その不可解さを問うているのだ。

フォル　善なる魂を悪から救い出すのがキリストであられる。それならば、私も尋ねよう。君の魂は、神のものであると信じているのか。

アウグ　また、話を逸らされる。しかし、答えよう。魂は神が造られたものであるから、神そのものではない。だから、罪を犯す。揺れ動く。最初の人間（アダム）は自由に善を選ぶように造られたが、彼は自由に罪を犯し、私たちは今や悪に身を任さざるを得なくなっている。罪をこの意志によって選んでしまうからだ。だから、悔い改めなければいけない。

フォル　その君を救ってくださるのがキリストだ。

アウグ　あなたはまるでわたしの質問に答えない。

議論は平行線をたどった。討論会は二日間にわたって行われたが、両者の言葉が絡み合い、深められていくことは遂になかった。

人びとは最初、フォルトゥナトゥスが議論をはぐらかしているのだと思った。問いに答える気がないのだ、と。

しかし、そうではなかった。彼は答えられなかったのだ。アウグスティヌスの言葉が鋭く、執拗で、苛立っていたから。

フォルトゥナトゥスの行き場はまったく塞がれてしまった。

次第に野次もざわめきも聞こえなくなった。どちらが勝利者であるのかは誰の目にも明らかであった。人びとは、公同教会の正しさが証明されたことを胸に秘めて会場を後にしていく。アウグスティヌスを昔と変わらない、いや、より真理に対する確信に冴えた論客として称えながら。

しかし、その称賛に価値を置くことは危険な誘惑である。キリストは正しさで人を救われただろうか。すべては愛がなければ虚しい。正しさを語る口は愛を手放してはいけないのだ。

それから間もなくフォルトゥナトゥスがヒッポの街を去ったことを、アウグスティヌスは人づてに聞いた。

※『フォルトゥナトゥス駁論』は、『アウグスティヌス著作集7』から引用。

9　重荷を担い合う友

真実にかつ正当に称賛されるすべての善は神の賜物であるのですから、称賛をわたしたちにではなく神に帰すならばと言うことが求められます。これがわたしが自分自身に毎日のように繰り返し言い聞かせているものです。……それにもかかわらずわたしは敵との激しい戦いにおいてしばしばそのお方（※神）から傷を受けています。それはわたしが自分に示された称賛に対する喜びを自分から追放できないからです。……このようにわたしが書きましたのは、あなたがわたしの苦境を知って下さり、わたしの弱さのために神に懇願していただくためなのです。わたしたちが互いに重荷を担うようにとの戒めを下さったお方の親切によって、あなたがきわめて熱心にそうして下さるように切望します。（『書簡』二二・二・八、九。カルタゴ司教アウレリウスへの手紙）

ヒッポの司教の執務室には、人、獅子、雄牛、鷲の装飾が施された印象的なランプが置かれていた。

カルタゴの教会から贈られたものらしい。揺らめく光のもとで、司教と司祭たちの顔も揺れて見えた。北アフリカはオリーブ油の生産と精製のルートを安定させることで、夜の照明問題を克服。ランプ産業が勃興し、オリーブの香りをまとった灯火が地中海狭しと航海した。

北アフリカは文字通りローマ帝国の光となり、その返礼が諸都市を潤した。産業は活況を帯び、多様な才能が結集する。

ひと昔前には簡素で味気なかったランプの容器も、この頃では美しい赤土で作られるようになり、より洗練された装飾が人びとの生活を華やいだものにしていた。

流行りのブランドランプに顔を寄せ、愛をささやき合う若者たち。昔ながらのランプを灯し、読書に耽る、多忙な働き人たち。ランプはヒッポの街の人にとっても欠かせない生活の必需品となっていた。

しかし、利便は不便を生みもする。

ランプの明かりのせいでヒッポの司祭団会議は閉会の仕方を忘れてしまった。

おや、日も暮れてきましたね、という司教ワレリウスの合図はもはや終了を促がさなくなった。時の境は見失われ、会議は長く、とにかく長くなっていた。

いや、その責任をランプに押しつけてはいけない。それは濡れ衣とも言える。より根源的には司教と司祭の多岐にわたりすぎる働きにこそ原因があった。

礼拝や信仰生活に関することはもちろん、街のありとあらゆる揉め事が教会に運び込まれた。遺産相続の裁定依頼から殺人事件の真相究明まで、ある時には、妻の寝言が恐ろしいと駆け込んできた男に、ワレリウスが三時間以上、付添い、最後には共に祈っていたこともある。

そうした諸々のなかから、特に司祭団で共有しておくべき情報が会議に持ち込まれた。

もちろん、重大な決定も多々あった。教会は使徒言行録に記されたエルサレム会議以来、物事の決定を会議でなすことを志した。特に北アフリカではキプリアヌスの時代から、その伝統が強く守られてきて、ヒッポもその例に漏れなかった。


さて、そろそろである。ワレリウスが重要な案件を持ち込むのは決まって皆の疲労が隠せなくなった頃合いだ。

皆が伏し目がちにワレリウスの方を見やると、やっぱりだ、目尻が笑みに絞られている。

——えっと、今日の議題はだいたい話せたと思うんですけれど、あと、わたしから一つだけ。

その一つがとんでもないことなのだと皆は思う。

——今度、北アフリカの司教会議がここヒッポで開かれることになりました。こんなこと初めてですね。

司祭たちの間にどよめきが走る。が、身構える。どうやら今日は「一つ」で終わりそうにないらしい。

——で、その会議の主題講演者を、アウグスティヌス司祭に務めていただくことになりました。

さらなるどよめきが司祭たちの間を駆け巡る。それは異例の大抜擢である。そこで、手をあげたのはいつものように、司祭長のシェリウスであった。

——ヒッポで司教会議が開かれるのは光栄なことですが、そこで司祭が講演をするなどということがあってはは絶対にいけません！　司教を押しのけるようなことをしては絶対にダメです！

念のために記しておくと、シェリウスはアウグスティヌスに嫉妬して反対したわけではない。彼が心配したのは教会会議の秩序が乱されることであり、それから、アウグスティヌスに大きな嫉妬が向けられることであった。アウグスティヌスへの称賛は日々、高まっていたが、それ以上に醜い妬みが向けられてもいたから。

そのことを、ワレリウスも十分に承知していた。

——おっしゃる通り。しかしですね、これはわたしが提案したことではなくて、カルタゴの司教アウレリウスさんからなんです。そういえば、アウグスティヌス司祭は、お友だちなんですよね。もう一波のどよめきが司祭たちの疲れを吹き飛ばしていく。

——いえ、お友だちと呼んでいいのかは……。

カルタゴの教会は、北アフリカ全教会の監督者であった。その司教に若くして任じられたアウレリウスは、就任早々から辣腕をふるう。会議を重ねるのである。教会に課題は山積していた。その課題に、アウレリウスは一人で立ち向かおうとはしなかった。司教たちが集う合議によって対処する道を選ぶ。その道筋に秩序が生まれ、その秩序こそがキリストの教会を健全に建て上げていくものであると信じていたから。

アウレリウスは、北アフリカの教会史上初めて司教総会議を定期的に主催し続けた人物として歴史に名を残す。その類稀な、剛く且つしなやかな実行力に人びとは魅了された。

そのアウレリウスと、アウグスティヌスとに面識が生まれたのは四年ほど前のこと、アウレリウスがまだ助祭で、アウグスティヌスがタガステで修道生活を始めた頃のことであった。同世代の二人はカルタゴに注ぐ太陽の美しさと疎ましさの話で意気投合し、生涯にわたる友情を結ぶことになる。

しかし、その傍らにいたアリピウスは首を傾げていた。どうして、あの二人は仲良くなれたのだろう、と。二人に似た点を見つけることは難しかったからだ。

アウグスティヌスが修道者であったのに対して、アウレリウスは指導者であった。アウグスティヌスの言葉がいつも聖い沈黙を含んでいたのに対して、アウレリウスの言葉にはいつも活きた善行が含まれていた。アウグスティヌスが神を想う人間の深淵を見つめたのに対して、アウレリウスは福音に立ち上がらせられる人間の素朴さを愛した。

それでもエウォディウスが気付いたところによれば、二人は互いの姿に、自身の欠けを見つけ、互いの言葉で、その欠けを埋め合っているとのことであった。

アウグスティヌスの存在が北アフリカ中に、いや帝国全土に紹介されるようになるのは、アウレリウスの力によるところが大きい。アウグスティヌスがランプのように、人びとの魂を照らす光である、とアウレリウスは固く信頼していた。

その同世代の庇護者に、アウグスティヌスは自分の弱さを何でも打ち明けることができた。アウレリウスは自身が担う重責も、寄せられる称賛も、まるでそれが大したものではないように、軽やかに受けとめ得た。それはアウグスティヌスにはない資質であった。アウグスティヌスはアウレリウスの振る舞いに、生きた謙遜を見つけ、一方で、自分のうちに芽生える暗い喜びに恐怖を覚えるのであった。

アウレリウスからの依頼を、アウグスティヌスはどうしたものかと逡巡していたが、その必要はなかった。ヒッポにはワレリウスの声がある。

――良いですね。じゃあ、司祭、よろしく！

※『書簡』は、『アウグスティヌス著作集　別巻1』（教文館、二〇一三年）から引用。

10　神の賜物は愛と共に旅を続ける

聖霊は神の賜物だと言われているが（エペ三・七）、それは、いかなる人も自分が知っているものを愛さなければ、それを享受することが〔でき〕ないからである。だが神の知恵を享受するとは、愛によってそれに密着することにほかならない。また、だれでも愛によらなければ、自分がとらえたものの中に、ながくとどまることは〔でき〕ない。また、すべて確立されるものは、ながくとどまるように確立されるのであるから、聖霊と言われる。「聖性」（sanctitas）という言葉が「確立する」（sancire）に由来することに、疑いの余地はない。

（『信仰と信条』八・一九）

三九三年一〇月の涼やかな朝。

あんれまぁ、たまげたものをつくったもんだあ、とヒッポの隣町カラマの司教メガリウスが顔を上げる、その先には「平和聖堂（バシリカ）」と名付けられた建物が聳え立っていた。尖り屋根の先端に伸びる十字架が、陽光と重なり眩しくもある。

小高い丘の上にあって、街のたいていの場所から見上げることができる荘厳な聖堂は新しい時代の到来を人びとに印象づけるものとなっていた。

迫害下にあった教会には造れなかったものである。かつて人びとは身を隠すようにして集まった。ある時には誰かの家に、ある時には墓場に、比較的平和な時には集会所を借りて。教会はいつでもその場を離れ、旅を始められる準備をしていた。

その旅がひとまず終わったのである。三八〇年、ローマ皇帝テオドシウス（と分割統治をしていたグラティアヌス帝とウァレンティニアヌス帝との「三帝勅令」）によってキリスト教は「国教」の地位に祭り上げられ、三九二年までにその徹底が図られた。

教会はまったく新しい旅を歩み始めることになる。その道程が神の御導きであると手放しに喜ぶ者もいれば、その意味を慎重に見極めようとする者もいた。

ヒッポの司教ワレリウスは後者に属していたが、目の前に重ねられてゆく平和をあえて否定することもなかった。礼拝堂を埋める人の数が日に日に増えていくことを素直に喜びもした。

だから、提案したのである。

――今の礼拝堂も手狭になりました。新しい聖堂を造ってはどうでしょう。それから、図書館の増築も。なんとか、司教会議までに間に合わせたいのですが。シェリウス司祭、いかがでしょう。

司祭長が珍しくワレリウスの言うことに反対しなかった。それは必要なことである、と彼もまた考えていたのだ。

そうして造られた平和聖堂は三廊式で、列柱に仕切られた「側廊」という二つの空間が、「身廊」と呼ばれる中央の吹き抜けの空間を挟み込む形になっていた。その最も奥まったところに「内陣」が設けられ、司教が座る椅子「司教座」と祭壇が置かれた。そこが聖堂の心臓部となる。

ワレリウス曰く、伝統を大切にしつつも時代の最先端をゆくデザインである、とのこと。確かに外観も内観もどこか懐かしく且つ斬新さがあった。

北アフリカ各地から集められた石の白さが全体の基調をなしていて、それが天の色を思わせた。その場にならば日々の重荷をおろせそうだった。講壇から語られる声もよく響いた。そこに身を置けばいつでも遥かなる天を仰ぎ見られそうだった。

ワレリウスとヒッポの司祭たちが求めたのは人の目をひく華やかさではない。ふわさしさである。メガリウスの度肝を抜いた聖堂は、しかし、ローマやラヴェンナ、ミラノに建設されたものに比べれば簡素なものと言えた。神を礼拝するためのふさわしい場があるはず。必要なものが必要な分だけ備えられること、そのために心が尽くされた。

平和聖堂が完成した日、ワレリウスは建設に携わったすべての職人たちを労いながら、一人ひとりの頭に手を置き、祝福を祈った。

――皆さんの誠実な心と確かな技術がここに込められたこと、その皆さんを神様が豊かに用いられたことを感謝いたします。神様の祝福が永くいつまでもここに留まりますように。

そこに聖堂の美しさが一つ重ねられた。


完成したばかりの平和聖堂に、北アフリカ中の司教が集結した。

カルタゴ司教アウレリウスの呼びかけによって、司教会議が開かれるためである。

今回の主な議題は聖書正典についてであった。


さて、あれはどこの司教か、ひとり言を大声で話している人物がいる。こういう人はどこにでもいる。

――新約聖書についてと言っても、大陸の教会ならいざ知らず、我々の間には意見の相違がないはず。新約聖書は二七巻であると一致している。いろいろと問題になるヨハネの黙示録もヘブライ人への手紙も神の言葉であることに疑義はない。が、なるほど今回の本題は、この聖堂と、今日の講演者であるヒッポの新しい司祭さんのお披露目だな。なるほど、なるほど、合点がいった。はてさて、どんな講演か、お手並み拝見といこう。


定められた時刻になった。

ワレリウスは感慨深いものですねえ、と微笑みながら、挨拶を始める。

――尊敬する司教の面々をこうしてヒッポにお招きできたこと、わたくしは感謝感激で涙がちょちょぎれそうです。手はずを整えてくださったカルタゴのアウレリウス司教には厚く御礼申し上げます。さて、昨年の三九二年、テオドシウス帝はついにキリスト教以外の礼拝を全面的に禁止いたしました。後世の人は、このことを「キリスト教国教化の完成」とでも呼ぶでしょうか。それは大変に喜ばしいことでありつつ、しかし注意しなければいけません。わたくしどもは迫害の痛みを知っています。決して迫害する側に回ってはいけない。そうでありつつ、福音の正しさがより強く、より明確に打ち出されなくてはいけません。これはわたくしどもに課せられた大変に難しい仕事です。……と言いましても老兵は去るのみでして、若い力に期待しています。さあ、議論を交わしましょう。こうした「会議」のことを「シノドス（σύνοδος）」と言います。ギリシア語です。それは共に（σύν）、道（ὁδός）をゆくことをイメージさせる言葉です。わたくしどもはここで共に語り合うことで、新しい旅を続けてゆきましょう。それから……、おっと、シェリウス司祭がもう黙れという合図を出していますので、わたくしの挨拶はこのあたりで。神様の祝福が皆さまに。

会場はどっと沸き、シェリウスが大慌てで手を振る姿が和やかさに拍車をかけた。

北アフリカの司教たちは色々ありながらも皆仲が良かった。だからだろうか、会議には慰労会の趣もあった。

その同じ時間、聖堂の横の庭では晩餐会の準備が進められていた。そこで働いていた人たちはここに自分の名前が記されることを拒むであろう。天に名前が刻まれることのみを喜びとしていた人たちであるから。その人たちの尊さは、自分のしていることの偉大さに気づいていない点にある。この人たちは軽やかに机をふき、料理を並べ、花を活けた。それがまるで何事でもないかのように。教会のあらゆる営みはそのような人びとの真心の上に成り立っている。今日に至るまで。神からの賜物はそのように用いられるのだと、ポシディウスは彼ら・彼女らと一緒に机を整えながら学んだ。

聖堂の講壇にアウグスティヌスが立った。後に『信仰と信条（*De fide et symbol*）』という一冊にまとめられることになる講演は教会の基本的な、極めて基本的な教えについて語られたものであった。アウグスティヌスは、教会に初めて訪れた人に語るように、居並ぶ司教たちに語り始めた。

※『信仰と信条』は、『アウグスティヌス著作集4』から引用。

11　愛は赦すこととして姿をあらわす

わたしたちは聖なる教会、すなわち、公同の教会を信じる。ところが、異端者たちも分派の者たちも自分たちの集まりを教会と呼んでいる。しかし異端者たちが神について間違った考えを抱くことによって信仰そのものを害するのに対し、分派の者たちは、わたしたちが信じていることを信じているにもかかわらず、不正な分離によって兄弟愛からはなれているのである。このゆえに、異端者たちは、神を愛する公同の教会に属していないのであり、分派の者たちも同様である。なぜなら、公同の教会は隣人を愛するからである。またそれは隣人の罪を容易に赦す。というのは、それは過去のすべてのことをぬぐい去って、わたしたちをご自分に和解させ、わたしたちを新しい生命へと召したもうかたによって、自分自身がゆるされることを祈願するからである。その完全な生命をつかむまで、わたしたちは罪なしに存在することができない。しかしそれらの罪がどんなものであるか〔を知ること〕は大切である。

(『信仰と信条』九・二一)

ヒッポの新しい聖堂は北アフリカ各地から集まった司教を抱え込み、なお余白を見せていた。三九三年一〇月の風が司教たちの心の高鳴りを拭き綻ばす。講壇には司祭のアウグスティヌスがいて、講演を続けていた。

カルタゴ司教アウレリウスの呼びかけで始まった司教会議で、司祭が教えを説いている。その歪さを咎める者は誰もなく、ミラノのアンブロシウスのもとで洗礼を受け、ローマの空気をまとった新司祭から最新の神学事情が聞けると、司教たちは率直な期待をもってこの日を迎えていた。

しかし、講演が進むにつれ、司教たちの幾人かは肩透かしを喰らった気分になった。アウグスティヌスはヒッポの教会に伝わる「信条」について語り始め、どうやらそのまま終わりそうであったからである。

アウグスティヌスが説明する、ヒッポの教会の「信条」は、細かな文言の違いはあるにせよ、どの公同教会にも古くから伝えられてきたものである。

我々は信じる。万物の創造主、全能の父なる神を……。

我々は信じる。唯一の御子、我らの主イエス・キリストを……。

我々は信じる。聖霊なる神、罪の赦し、肉体の復活、聖なる公同教会、永遠の命を……。

三位一体の神に対する、簡潔で明瞭な告白は、それからずいぶんと後のことであるが、「使徒信条」という美しい名をもって整えられ、公同教会共通のシンボルとなった。

司教たちがよく知っているはずの「信条」の解説に、アウグスティヌスは講演の全ての時間を使いきった。


カラマの司教メガリウスは、アウグスティヌスが選択する言葉の巧みさや議論の淀みない展開に感嘆しながらも、彼がなぜ「信条」の基本的な話に終始したのだろうと訝った。

彼は北アフリカの司教を舐めているのか。その推測が、こんちくしょうという苛立ちを連れて来る。しかし、少し席が離れたところから聞こえてくる快活な声に、そうか、それも無理のないことかと、ため息をつく。

……いやはや実にすばらしいお話で初めて聞くことばかりでした……。

そうか、そうなのだ。「信条」を知らない司教がいる。文言は知っていてもその簡潔さに込められた神秘に無頓着な司教がいる。メガリウスの苦悩が聖堂を彷徨う。

壇上ではアウレリウスが挨拶をし始めていた。

――このヒッポで司教会議を開催し、今、この講演を通して、私たちが共通に信じる事柄を確認できたことを、主なる神に感謝をささげます。教会の父たる諸先輩方は、会議は礼拝である、と、そして、礼拝の要はそこに招かれた者が、招いてくださった方を明確に見据えることにある、と私たちに教えてくださいました。この会議に私たちは礼拝者として招かれています。この日、私たちが共に信じている神の恩寵を語り合い、学び合い、教会の歩むべき道を、祈り求めて参りましょう。

アウレリウスの言葉は熱を帯びつつも、そのトーンは抑えられていた。それは北アフリカの教会会議が伝統的に大切にしてきたルールの一つである。

静かな声で、落ち着いた口調で発言すること。

そうして、沈黙しておられる神と、耳を澄ます聴衆への敬意が払われるのである。

では、司祭もひと言を、とアウレリウスは視線を横にずらす。

無言でその視線を受けるアウグスティヌス。

阿吽の呼吸だ。

――差し出がましくも司祭のわたしが司教の皆さまの前で、「信条」についてのお話をさせていただきました。わたしの思いは一つです。教会が代々にわたって大切にしてきたもの、信じてきたものに立ち帰り続けることです。大陸の教会は正統な三位一体の神への理解とその告白のために膨大な労力を費やしてきました。その議論に、北アフリカの教会が無関心であったとは思いません。しかし、喫緊の課題がありました。今もそうです。それは特にドナトゥス派との対話でした……。

ここでアウグスティヌスが言及したドナトゥス派について少し説明が必要かもしれない。事の発端はおよそ九〇年ほど前に遡る。

キリスト教会がローマ帝国に公認される前夜に大規模な迫害が、北アフリカの地にもあった。皇帝ディオクレティアヌスは、その治世末期の三〇三年から四度にわたる勅令を発布。皇帝崇拝とローマ伝統の神々への祭儀を全帝国民に強要。拒絶、抵抗する者を徹底的に弾圧した。キリスト教会の礼拝は禁止され、聖書の焼却、もしくは「引き渡し（trado）」が命じられた。聖職者は逮捕され、拷問を受けた。官僚として宮廷に務めていたキリスト者はいずれもその職を追われた。帝国中の教会が数えきれないほどの殉教者（martyres）を天に帰し、信仰を堅持する告白者（confessor）を生み出しつつも、それ以上の棄教者（lapsi）を教会の外に見送らなければいけなかった。

しかし、本当に深刻な問題は、大迫害が静まった後にやって来る。三〇五年、カルタゴの教会は、教会への帰還を望む、かつての棄教者への対応を巡って、真っ二つに分かたれることになる。「厳格派」は帰還を容易にゆるさなかった。教会は告白者によって建て上げられるべき共同体であるとして。他方、「穏健派」は寛容な措置を求めた。教会はゆるし、ゆるされる共同体であるとして。

いずれもが正しさをもち、その正しさのゆえに対立は深まった。決定的となったのは、三一一年、穏健な司教として迫害期を潜り抜けたメンスリウスが召天した後、新しい司教の任命を巡っての顚末においてである。カルタゴの教会の大多数は、助祭長として長く、司教を支えてきたカエキリアヌスを次の司教に支持し、アプトゥンガの司教フェリックスらを司式者とする就任式を執り行った。

が、その選出に、裕福で信心深い婦人ルキラを中心とする「厳格派」が反対する。迫害時に勇敢な「戦い」を避けた一派が、司教の座に就くことはふさわしくないと。

また、式を執り仕切ったフェリックスが「引き渡した者（traditor）」――少なくない教会指導者が、迫害期、官憲に聖書や礼拝に用いる聖具を引き渡すことで、ある種の取り引きのようにして教会を守ろうとした。が、平和な時代が訪れた時、彼らは「引き渡した者」という批判を浴びる。主イエスを祭司長らに引き渡したユダに等しい裏切り者であると。北アフリカは帝国中で最も激しく、長く、その声が叫ばれた地である――であるという噂が広まったことで、「厳格派」は司教就任式の無効を宣言。サエ・ニグラエの司教ドナトゥスを中心に、教会会議を開催し、ルキラの寵児であったマヨリヌスを司教に登位させる。

こうして、カルタゴには一つの教会に二人の司教が反目し合いながら存在するという歪な状況が生まれることになった。さらに、マヨリヌスが没すると、カリスマ的人気を集めるドナトゥス自身がカルタゴ司教に就任。ドナトゥス派が形成されるに至った。

ドナトゥス派は北アフリカ全土で熱狂的な支持を得る。殉教者の純真と熱意を継承する、北アフリカの正当なキリスト教会である、として。その勢いは公同教会をまったく凌駕するほどであった。

檀上ではアウグスティヌスの挨拶が終わろうとしていた。

――公同の教会は隣人への愛が、赦しとして姿をあらわす場である、とわたしは信じます。今日、神に赦された者が隣人を赦すことに心を尽くす。その営みが、私たちの背後に、いや、目の前に大きく聳え立つ歴史を乗り越えさせるはずです。

万雷の拍手が聖堂を埋め尽くした。その中で、ワレリウスがアウグスティヌスに話しかけている。

――講演のなかで、司祭は「我々は信じる」と何度も発しておられた。ヒッポの「信条」では「我は信じる」ですがね。あなたらしい。「我々」の中には色々な人が招かれているんでしょうね。さあ、図書館に場所を移しましょう。会議が始まります。

そうして、歩みゆくワレリウスの背中はひと際、大きく見えた。

※『信仰と信条』は、『アウグスティヌス著作集4』から引用。

12　この日をおごそかに

皆さん。この日をおごそかに守りましょう。信仰のない人びとがこの日を、太陽のゆえに守りますが、そうでなく、太陽を創造した方のゆえに守りましょう。言であった方が肉と成りました。私たちのために太陽の下に生れました。確かに太陽の下の肉です。しかし彼の権威は全宇宙に及び、太陽はその一部にすぎません。そして今日なお受肉した神は、太陽の上に立って支配します。

（説教「クリスマスの秘義・キリストの生まれた日――この日の神秘的意義」）

キリストは馬槽の中によこたわっていますが、全世界を支配します。キリストは母の胸で乳を飲んでいますが、天使を養います。キリストは粗末な布に包まれていますが、私たちに永遠という衣を着せます。キリストは乳を与えられていますが同時に拝まれています。キリストは旅舎に部屋を見つけられませんでしたが、信じる人びとの心の中に、神殿を建てました。

（説教「クリスマスの秘義・祝わなければならないキリストの降誕」）

三九三年一二月二五日、柔らかな陽射しのもとに、子どもたちのはしゃぐ声が、籠を携えて歩くアリピウスとポシディウスの横を走り抜けていった。濃いお香の匂いを残していく。街全体が揚揚とした雰囲気の中にあった。太陽の祝日が近くなっていたからである。

――今年もそういう季節なんですね。

ポシディウスがアリピウスの方を向く。二人は市場に、今晩の食事のための買い出しに行った帰りであった。アリピウスが噴き出すように言う。

――わたしの父は、「軟派な祭りは好かん」というのが口癖で、それでいてこのお祭りの空気感は好きだったんですよね。そういう人は多いでしょうけど。

この時代の人たちを「古代ローマ人」という言葉で、乱暴にも一括りにすることがゆるされるならば、彼らの生活は極めて宗教的なものであったと言える。その宗教性は敬虔深く、寛容で、他方、見方によっては雑多で、また迷信めいているようにも見えた。

おおよその家の入り口には小さな神棚（lararium）があり、先祖の霊、守護霊、日々の糧に関わる神々が祀られていた。一日はその神棚に手を合わせることから始まる。一家の長が神官となり、その日の家族の平穏が祈られた。

少し道を歩けばささやかな祠を至るところに見つけることもできた。交通安全、学業成就、立身出世の霊……、そのなかには起源定かではない神々の像まであったが、人びとは畏怖と期待とを混ぜ合わせながら、その一つひとつに手を合わせていった。

さらに、年間二〇〇日を越える祝祭が古代ローマ人の生活を色づけていた。祝祭は神格化された皇帝の即位日や神々の誕生日を祝うためのものであった。帝国は新しい領地を得るごとに、その土地の信仰を受け容れていく。ゆえに、祝祭は増える一方であった。

ギリシアのゼウス、ペルシアのミトラ、エジプトのイシス……、神々は帝国の衣をまとわせられることで古代ローマ人の神として生き長らえた。

街の中心部にある神殿には百花繚乱の如く様々な神々の像が並べられ、祝祭の日には牛や豚、羊などの犠牲が花輪と共に捧げられた。

人びとは家族単位で神殿に参り、そうすることで家族の絆、ローマ帝国の絆を確かめたのだった。神殿に焚かれた香を身にまとうことで彼らは帝国の一員として清められる思いがした。

その宗教的空気をキリスト教会は拒絶することから歩み始めた。聖書の神以外のものを拝むことはできないと。

その姿は古代ローマ人の目に、単に、神々を否定しているものとしてではなく、家族を、帝国を否定しているものとして映し出された。

自身が最も重きを置く価値が否定された時、人は怒りを燃やす。


教会は人の生き方を問いもした。それは古代ローマ人にとって「哲学」のなすことであった。「宗教」はただ御利益を与えてくれるものであればいい。その不文律を破るキリスト教会に、古代ローマ人は不気味さと疎ましさを覚えたのだった。

それら積み重なったものが迫害の原因となった。

迫害の多くは皇帝の掛け声によって始まったのではない。発端は民衆の声にあった。

彼らの宗教的寛容はローマの秩序という枠のもとに、自らの価値観が脅かされない範囲でという注釈つきのものであったから。


今、迫害の時代は終わった。帝国の制度はひと夜にしてとも言えるほどに劇的な変化を遂げていった。キリスト教はいつしか「国教」という扱いを受け、教会には人が溢れるようになった。

しかし、人の心はそう簡単に変わるものではない。少なからぬ者が、キリストを信じたその心で、依然として神棚にも手を合わせていたのだ。

三三〇年代初頭、ローマの教会の礼拝に出席していた一人の男がつぶやいた。「なぜ、我々は我々の王の誕生日を祝わないのか」。

その日は、一二月二五日。太陽神ソル・インウィクトゥスの祝祭の日であった。

会堂の中にいたのはその男ひとり。すべての者が祝祭にでかけており、会堂の中はガランという音が聞こえそうなほどにもぬけの殻だった。

伝統と家族の絆、帝国の鎖から抜け出すことは容易ではない。人びとは太陽の神に花輪をかけ、出店や演劇に心躍らせていた。

太陽は夜になると沈む。が、朝になると甦るように姿をあらわす。そこから、太陽神は不敗と久遠の勝利を約束する神として崇められ、冬至の日に祝祭が行なわれていた。それは数ある祝祭の中でも最高に盛大なものであり、その祝祭を拒否することはローマ人であることを否定することであった。

結果、その祝祭の日には教会からも人が消えた。

男はさらにつぶやく。「我々の救い主こそ、真の太陽神、『義の太陽』(マラ三・二〇)ではないのか」。

しかし、事態は突如のように変わる。

何があったのかは定かではない。

三三〇年代中葉、太陽の祝祭のその当日、ローマ教会の扉には花輪が飾られ、会堂には人が溢れていた。

司教の口からは「新しい太陽の日」という言葉が語られ、人びとは口々に「おめでとう」と声を掛け合い、贈り物を交換し合った。

教会は「義の太陽」たる我らの主イエス・キリストの誕生を祝い始めたのだ。キリストのお祭り、クリスマスの始まりである。

それは、古代ローマ人にとって、またひとつお祭りが増えたに過ぎない、という程度のものであったかもしれない。

一方で、教会の中には眉をひそめる者もいた。「そんな異教との妥協の産物は断固、拒否すべし」と。

葛藤があったのだ。しかし、クリスマスは教会の中から生まれた、古代ローマ人全体を巻き込む初めてのとも言える祝祭であった。その祝祭が万人のために整えられた（ルカ二・三一）救いの光を祝うクリスマスであったことは意義深い。

あの日、あの男のつぶきやきを誰かが聞いていたのであろうか。会堂には誰もいなかったはずであるが。しかし、そうだ、あの日、会堂に差し込んでいた太陽の光は優しいものであった。

クリスマスはそれから間もなく北アフリカの教会にも広がっていく。

その新しい祭りを、アウグスティヌスはおごそかに守ろうと言った。酩酊と狂騒こそが華と言われるローマの多くの祝祭のようにではなく。

人の心はそう簡単に変わらない。時間が必要なのだ。世代を経ていく覚悟ある時間が。

そのために受容すべきこと、忍耐すべきことがある。
神御自身が、そうした時を刻んでこられた。
そのことを想う日としてアウグスティヌスはクリスマスを過ごす。
明日の朝、日の出は今日より少しだけ早いだろうと、考えながら。

※「説教」は、『アウガステヌス説教集――神の言の受肉』（小平尚道訳、日本基督教団出版部、一九五五年）から引用。

13 幸福な手触り

すべての教師の中で教師はただ一人、天にいます教師であるのだから（マタ二三・八―一〇）、われわれは地上におけるどんな人をも教師と呼ぶべきではないと、神聖な権威に基づいて真実に記されていることを、今やわれわれは信ずべきである。

「天にいます」とは何を意味するかは彼の唯一の教師ご自身が教えるであろう。彼、唯一の教師は、内奥において彼自身に向けてわれわれが回心（方向転換）をするよう喚起するために、人間の働きを通して、はたまた記号によって外から警告を与えるのである。彼を愛し、彼を知ることは幸福であり、すべての人はそれを求めてやまないのだけれども、ともにそれを見出して歓喜する人はごく少数しかいないのである。

（『教師』一四・四六）


潮の香りを深く吸い込むと、新しい空気が肺の奥底に染み渡るようで心地よかった。

冬と春の季節に揺れる太陽は疲れた体に、そっと寄り添ってくれるよう。

柔らかな光を背に受けながら、海辺を歩くヒッポの司祭アウグスティヌス。

彼はその静かな時間を愛した。

司祭として多忙に拍車がかかるなか、ひとり物思いにふける時間は貴重になりつつあった。

神の恩寵について、隣人への愛と赦しについて、教会の聖性について……、思考すべきことが、アウグスティヌスの前に列をなしていた。それらに秩序を与え、言葉として、人びとの心に注ぎ届けること。それが彼に課せられた司祭としての責務であった。

しかし、その任は重く、充分に果たし得ないもどかしさに、彼の心は暗くなりもした。口の未熟さが、心の高ぶりが邪魔しているものがある……。日ごとに高まる名声とは裏腹に、恐れのような、怯えのような、焦りのような、彼自身、摑みどころのない不安をアウグスティヌスは募らせていた。


今日は少し雲が多いようだった。

鳩が一心不乱に餌をついばんでいる。頭を振りながら、足を動かしながら、おそらくはその目に見えていないであろう砂浜に埋もれた餌を探している。

そして、その鳩を小馬鹿にするように軽やかにダンスを踏む二羽の鳥がいる。彼らも餌の心配はあるであろうに、どこか余裕のある風体で、鳩へのちょっかいはもうすぐに飽きてしまって、打ち寄せる波と戯れ始めた。どこまで近づけば羽に水がかかるのかを試しているようだ。時々は水につかり、それさえも楽しみながら。

他方、鳩はお構いなくセカセカと着実に歩き続けている。

アウグスティヌスはしばしその様子を眺めていた。鳩にも、烏にも心惹きつけられた。あの鳩のように生きているし、烏のように以前生きていた。

そういえば、神が鳥や動物を創造されたのは、その様を見て、人間が自分の姿を顧みるためだ、と言ったのは誰であったろうか。

思い出せないままに視界を伸ばした先に、ひとりの童子の姿が見えた。遠目からにもその熱量が感じられるほどに童子は一生懸命に何かをしていた。

周りに親はいないようだ。

アウグスティヌスは一歩ずつ彼に近づいていく。それがいつもの歩く道だからとなぜか自分の心に言い訳をしながら。

童子が一生懸命にしていたのは砂浜に穴を掘ることだったと分かるほどに距離が縮まった時、童子の姿が息子アデオダトゥスのまだ幼かった時のそれと重なった。それは先ほどまで『教師（*De Magistro liber unus*）』を読んでいたせいかもしれない、とアウグスティヌスは思った。

『教師』はアウグスティヌスがミラノやローマでの生活を捨て、故郷タガステで仲間たちと共同生活を始めた時に、アデオダトゥスと編んだものだった。二人は語り合うことにおいて、独りで思考するその先に進もうとした。

その時、アウグスティヌスは三五歳。アデオダトゥスは一六歳。語り合うことで二人は親子であることからも、歳の長短からも解き放たれて、互いに教え合う存在となった。真理を希求する学徒となった。

二人でなら広げられる幸福への翼があった。飛び込んでいける歓喜の海があった。

アウグスティヌスも舌を巻くほどの聡明な青年は、しかし、『教師』を編んでからほどなく天に召される。ミラノで別れた母との再会を喜びながら。


それから、数年が経ち、四〇歳を迎えようとするアウグスティヌスは目の前で砂を掘る童子がアデオダトゥスではないことを重々承知していた。

アデオダトゥスは青年と呼ばれる歳まで生きたのだ。その姿がアウグスティヌスの脳裏から消え去るはずがない。

が、それでいて、童子の動きはアデオダトゥスのそれと瓜二つに見えるから、アウグスティヌスの目からは涙が零れ落ちた。嬉しいような、淋しいような、その両方の温度を併せ持つ涙が、拭っても拭っても底知れず溢れ、落ちて、砂浜を濡らす。

そんな壮年の男に、童子は背を向けたまま話しかける。

——おじさん、どうしたの。何をしているの。

声までアデオダトゥスとそっくりであった。そのように聞こえた。

——おじさんはちょっとお散歩をしていて、考えることや思い出すことがあってね。君は何をしているの。

涙に滲むアウグスティヌスの声は優しかった。その声に童子は振り向き、笑顔を弾けさせる。

——僕はね、穴を掘っているんだ。それで、ここに海の水をね、全部、入れるんだよ。そうしたら、ここが僕の海になる。

そう言うと、童子は駆け出し、平らな貝殻ですくってきた海水を、掘った穴の中に注ぎ入れた。しかし、海水はすぐに砂に馴染んで消えてしまった。

——ああ、ダメかあ。これはまだまだ時間がかかるなあ。

その口ぶりが大人びていたアデオダトゥスの話し方にやっぱり似ていてアウグスティヌスは笑った。久しぶりに笑った。

——ちょっと難しそうだね。それに、見てごらん。海はこんなに広くて大きいよ。その水を全部、この小さな穴の中に入れるなんて無理じゃないかな。

すると、童子は言った。

——おじさんのしようとしていることも同じだよ。神様の広くて大きな恩寵を理解し尽くすことなんてできないよ。小さな人間の中に全部、入りきらないんだから。言葉にし尽くすことなんてこともできない。

アウグスティヌスは茫然として立ち尽くす。

童子はもう少し言葉を続けた。

——でもね、僕は海の水を汲み続けるよ。すぐに消えて見えなくなってしまってもね。残っていくものがあるはずだから。海の水を汲むことは決して無駄なことではないよ。汲めば汲むだけ、そこが僕たちの海になる。それがどういう海になるのか僕にはわからないんだけれど。

アウグスティヌスは天を見上げた。薄い雲の向こうで、それでも太陽は確かな光を保っている。

——司祭！　お客さんが見えています。

視線を地上に戻すと、ポシディウスが修道院の方から手を振りながらやってくるのが見えた。今日の散歩の時間は終わりだ。

お礼を言おうと、童子の方に目を戻したけれど、そこに彼の姿はもうなかった。

アウグスティヌスは童子が掘った穴の中に手を置いてみる。海水の湿り気が感じられた。幸福な手触り。アウグスティヌスはもう一度、笑った。そして、歩き出す。彼を待つ人たちがいる。彼と共に生きる人がいる。

アウグスティヌスが進みゆくその背後で、鳥がもう一度、鳩と戯れ始めていた。

※『教師』は、『アウグスティヌス著作集2』から引用。

14　柔和な心で読み聞く人びと

聖書の意にかなう人とはどういう人であろうか。それは、聖書に最高の権威を認めて、敬虔にこれを読み聞く人である。すなわち、自分が理解した聖書のことばが自分の罪に敵対するからといって、そのためにそのことばを憎むことはなく、かえって自分が正されることを尊いものと思い、それが自分の病気がいやされるまでは自分に容赦しないことを喜ぶ人だけである。また、自分にとっては不明瞭で不条理と思われる聖書のことばについて争論しようとはせず、かえってそれを理解できるようにと祈り、それほどの権威に対して善意と尊敬を示すことを忘れない人だけである。しかしこのように行う人は、父の遺言を聞いて読むために、闘争心を持ってではなく、柔和と孝愛の心をもって近づく人にほかならない。したがって、柔和な人は幸いである。その人は地を受け継ぐからである。

（『主の山上のことば（*De sermone Domini in monte*）』一・一一・三二）

礼拝の後で修道院の食卓の席に座るアウグスティヌスはいつになく浮かない顔をしていた。

──そんなにわたしがここを去ることがお寂しいですかねえ。

努めて陽気に話しかけるアリピウスに、「そうですねえ」と答えるアウグスティヌスの声の調子が「そうではない」と物語っていて、アリピウスは椅子から滑り落ちた。

しかし、落胆することはない。ポシディウスが代わりに寂しさを覚えてくれていたのだから。

二週間ほど前に、アウグスティヌスから公表されたことだった。アリピウスがタガステの司教に就任することを要請されて、それを受諾したのだと。

ヒッポの教会の庭に造られた修道院は、少し前に開かれた北アフリカ教会会議の折に、各地の司教たちから注目と期待を集めることになった。ここで生活をし、学ぶ者たちに次世代の教会を担ってほしい、と。修道院は学び舎としての、さながら神学校のような様相を帯び、その卒業生第一号としてアリピウスが招聘を受けたのだった。

この後なお、一年の修道院生活を経て、アリピウスは彼の故郷、それはすなわちアウグスティヌスの故郷でもあるタガステへと帰っていくことになる。

アリピウスを兄のように慕うポシディウスにとって、その旅立ちは喜ぶべきことであると自分に言い聞かせつつも拭い難い寂しさを覚えずにはいられないものであった。

もっともそのポシディウスにしても数年後にはカラマの司教として、あのメガリウスの後を継ぐべく旅立つことになるのだけれども。

さて、アウグスティヌスの暗さはとりあえずアリピウスを原因としないようであった。そのことにアリピウスはおどけて落ち込んでみせたのだけれど、傍らで堅物のエウォディウスが真剣な面持ちで慰め始めるものだから、アリピウスは引っ込みがつかなくなり、首を傾げながらも、本当に悲しく切ない気持ちへと引き摺り込まれていくのだった。

このような時に、修道院の食卓を正常に戻すのは、エオモトゥスの役割である。この人は土足で人の懐に入っていくことができる。

――アリピウスさんのことでないとすると、アウグスティヌス司祭はどうして、そんなにひどく落ち込んでいるんですか。

よく言った、と皆が心の中で拍手を送る。アウグスティヌスもそれを助け船のようにして、いや、みなさんもお気づきだと思いますが……とボソボソ、言葉を落としだす。

肺に弱さをもつアウグスティヌスがこのように話し始めた時に、その言葉を聴きとることは難しい。が、実は、そこにいた者は皆、アウグスティヌスの落ち込みの理由を察してもいた。

この朝の礼拝でのことにある、と。

――わたしはこの朝、主イエスが語られた「山上の説教」からのお話を準備していました。今日は「柔和な人は幸いである」というところでした。わたしはキリスト者が互いの罪を赦し合うことへと召されていると語り始めました。しかし、なぜか説教は、わたしが準備をしていた本筋からわき道に逸れ、話すつもりのなかったマニ教を論駁することへと走り出してしまったのです。そして、創世記に言及することで、神がわたしたちの創造主であることを語り、聖書が唯一、わたしたちが従うべき命の書であると語ることで説教を閉じてしまいました。聖書にわたしたちは愛と畏れとをもって従わなければいけないと。それは説教の始まりからはおよそ遠くに離れた、チグハグな閉じ方でした。このわたしの忘却と過失を神はお赦しくださると信じたいのですが……。

説教のチグハグさについては皆が気づいていた。それでアリピウスはおどけることで食卓の空気を和ませようとし、他の者は自然を装うことで話の成り行きを見守り、エオモトゥスはお構いなく自分の話を続けた。

——そうなんです。だから、びっくりしちゃったんですよ。全然、関係ないお話が始まったと思いましたから。でも、案外、関係なくもなくて、不思議と礼拝堂に混乱はなさそうでした。

——不思議と、ですね。

アウグスティヌスは苦笑する。


その翌日、フィルムスという商人がアウグスティヌスを訪ねて来た。ちょうど、皆が昨日と同じように修道院の食卓に集まっているところだった。

部屋に入って来るなり、アウグスティヌスの前に跪いたフィルムスの目は真っ赤に充血していた。そして、声を震わせながら主に祈りを献げてほしいのだ、と言う。

フィルムスの話によると、彼はマニ教の信者を長く続け、財産のほとんどをマニ教の「選ばれた人々」という聖職者たちにささげてしまったのだという。しかし、一向に心の平安はなく、昨日も重たい足取りでマニ教の集会に向かっていたのだけれども、その途中で教会から聞こえてくる声に、どういうわけか引き寄せられ、そこでアウグスティヌスの説教を最後まで聞いたのだという。

説教を聞いていかがでしたか、と尋ねたのはポシディウスであった。

フィルムスは、心打たれました、と詳細にアウグスティヌスが昨日、講壇から語った言葉をなぞった。そして、最も心を打たれたのは、創世記のところだと語った。それは、アウグスティヌスが前もって準備したところではなく、「脱線」と落ち込んでいた箇所であった。

フィルムスは言う。

――今まで自分はまともに聖書の豊かさを学んでことなかったことに気づかされました。聖書にわたしは正されなければいけない。わたしは聖書によって生き方を変えられなければいけません。

アウグスティヌスはフィルムスの話を聞きながら、大きく息を吐き、そして天を仰いだ。

――全能の御神よ、あなたは、本当に、望みたもうときに、望みたもうところから、望みたもうように、ご自分の道具を使って、人間を救いに導かれます。あなたは道具として使われたわたしども人間が、その時点で、あなたの御意志を悟っているか否かを問われません。この僕の忘却と過失を、あなたは麗しい恩寵に包み、必要なものとして用いてくださいました。これからも、救われるべき魂をお導きください。そしてただ、あなたの聖名に栄光がありますように。アーメン。

アウグスティヌスは、フィルムスにお気をつけてと微笑んで席を立った。

――説教の準備をいたします。聖霊なる御神が自由に働かれて、わたしの愛だけを汲み取ってくださり、わたしの過失や脱線さえも用いてくださるように、誠実な準備をしなければなりません。

※『主の山上のことば』は、『主の山上のことば』(熊谷賢二訳、創文社、一九七〇年)から引用。

15 平和に耐え忍ぶ——ドナトゥス派との対峙Ｉ

魂の医師である主が、人々をいやそうとして弟子たちに教えたもうたことは、かれらが助けようとしている人々の弱さを平和に耐え忍ぶということ以外の何かであるはずもなかったのである。実に、あらゆる悪は精神の弱さから生まれるのである。実際、完全な強さを身につけた人ほど、他人に害悪を与えないものはない。

（『主の山上のことば』一・一九・五七）

——おや、今日のパンはいつもより小ぶりで、ふむ、柔らかさも随分と違い、香りもちょっと……。

そう気づいたのは、自分では買い物も料理もしないくせに、味には誰よりも口うるさいエウォディウスであった。

「申し訳ありません。いつものパン屋さんで買えなかったもので」と平身低頭するポシディウスの隣で、「主人の方がご機嫌ナナメでしたからね」とアリピウスがフォローする。

それで、みんなは納得した。

アリピウスがため息をつきながら、続ける。

——あそこのパン屋さん、パンの味はピカイチなんですけれどね、いかんせん、主人の眉間に皺が寄っている時は手ごわいんです。たしかおじいさんの代からドナトゥス派の教会を熱心に支えてきた家で、わたしたち公同教会の人間には何だかんだと言いながら、パンを売ってくれない時があるんですよ。

その時、エウォディウスが机を叩きながら怒り始めた。

たいていは冷静で理知的な彼も理不尽なことと食べ物のことについてとなると熱くなる。

今回はその両方が重なっているためにその熱さは倍増して発露される。

――そんなことがゆるされていいのでしょうか！　パンは思想、信条、信仰に関わらず、すべての人間に対して平等に分け与えられるべきものです！　わたしたちの救い主キリストたる命のパンもそうです！　そして、このお腹を満たすあの風味豊かなパンもそうなのです！　わたしはいつものあのパンが食べたい！

エウォディウスの熱弁に、みんなは頬を震わせながらも語られていることに間違いはないと頷いた。

――そもそも、あの主人は誰のためにパンをつくっているんですか！　みんなのためじゃないですか！　どこを見て仕事をしているんだ！　パン屋の誇りを取り戻せ！

話は行き着く先を見失いつつあったが、エウォディウスの言うことには依然として一理あった。

当時、パン屋で働く人たちの給与は原則的にローマ帝国から直接、支払われていた。パン屋は国家公務員的な存在だったのだ。それほどにローマ人の主食たるパンの供給を帝国は特別に重要なものとして捉えていた。エウォディウスも元役人。そのあたり一家言あるのだ。

――よし！　わたしが話をつけてきます！　命のパンと、このパンの真理について教え正してきますよ！　パンはみんなのためのものです。

そう息むエウォディウスをみんなが全力でとめた。怒りにかまけて行動して良いことなど何もない。そこで、アウグスティヌスが口を開く。

——まあまあ、今日のところは、ポシディウスさんが買ってきてくれたパンを食べましょう。これはこれで悪くない味ですよ。うん、悪くない。平和の味がする。さあ、いま一度、感謝のお祈りをしましょう。そうして、食事は再開された。

一事が万事。ドナトゥス派と公同教会との断絶は日常生活の至るところに、その影響を覗かせた。かつてドナトゥス派は、教会の聖性を激しく追い求め、教会の中から罪を除去することに傾注した。それに対して、公同教会は、神の憐れみのゆえに教会は罪人を受容するのだと告白した。その違いに、北アフリカの教会は別たれた。互いの、それぞれの真実と未熟さを認められなかったからだ。

その歴史を引き継ぐ今がある。どの世代も過去と無縁ではいられない。時の重みを背負ってゆかなければいけない。そして、今や、教会を別つことになった理由以上に、分かたれ続けているという事実の重みが二つの教会を別々のものにしていた。

アウグスティヌスは、ドナトゥス派が抱く神への愛を疑っていなかった。共鳴するものもあった。ただ、彼らに欠けているものがあるとも思っていた。それは隣人の弱さに対する忍耐である。

教会の聖性は罪が除去されるところにだけあらわされるのではない。罪を受け止め、それに教会全体が忍耐しているところにこそあらわされるものではないか。神のかたちとして創られた人の美しさは何かをなし得たことにではなく、なさずとも耐えたことにおいてあらわされるものではないか。キリストが十字架でしてくださったように、今もわたしたちにそうしてくださっているように。

そう、忍耐はドナトゥス派の教会にだけ求められるものではない。この心に刻まなければいけないものだ。わたしは忍耐する。しかしその前に、神と隣人とに忍耐されている。

宙を見つめながら考え込んでいるアウグスティヌスの手元に、一冊の本があることに、エウォディウスは気づく。

それは、ティコニウスという人によって書かれた『規則の書（*Liber regularum*）』という本であるらしかった。

エウォディウスにはひらめくものがあった。

——司祭！　それはドナトゥス派の教会にいたティコニウスの本じゃないですか！

ええ、そうですよと、宙からエウォディウスに視線を移したアウグスティヌスは事も無げに言う。ワレリウス司教が図書館に入れてくださったものです、と。

——ええっ！　ワレリウス司教が！　ドナトゥス派の本をですか！　それを読んでいいんですか？

アウグスティヌスは、エウォディウスの言うことがまったく理解できないという表情で言う。

——なんですか、その問いは。この世の中に、読んではいけない本など本来、存在しないはずです。あるのは、良い本か、つまらない本かという区別だけです。それにしたってですね、読まなければ分かりません。ティコニウスの『規則の書』は読む価値のある本でした。わたしはとても教えられましたよ。

そう言って、アウグスティヌスはほっほっほっと微笑む。ワレリウスを真似るようにして。
――そうそう、ティコニウス自身はドナトゥス派の教会から追い出されてしまったようです。教会が、「主の体と、混ぜられた体」というような「二つの体」から成ると書いたからでしょうか。ティコニウスは言うんです。教会は聖徒と、偽善者との二つの存在から成る「混ぜられた教会」だと。誰が聖徒で、誰が偽善者であるかを見抜けるのは神お一人だけで、人間にはわからない。世が完成する時が来るまでは。いかがでしょう。深めるべき指摘ではないですか。

アウグスティヌスは、後年、この「二つの体」のモティーフを『神の国』において発展させる。「二つの愛が二つの国を造った」（『神の国』一九・二八）と。

社会にも、教会にも、自己を偏愛する地の国の住人がいれば、天を愛する神の国の住人もいる。両者は混じり合っていて、人の目が分かつことはできない。してはいけないのだ。それは神がなさることだから。世の終わりに神が分かつその日まで、あの人ともこの人とも同じ地に生きていく。

そう語り得たのは、アウグスティヌスが自分の罪と隣人の弱さとに涙しながら、忍耐される神を仰ぎ続けたからだ。毎日、食卓でパンを食べるように、命のパンを食し続けたからだ。「わたしたちの主の忍耐深さを、救いと考えなさい」（Ⅰペト三・一五）。そうして、神の時を待ったからだ。

※『主の山上のことば』は、『主の山上のことば』から引用。

16　しみもしわもない教会――ドナトゥス派との対峙Ⅱ

叱責はめったに行うべきではない。行うとしてもよほど必要な場合に限るのである。やむをえず叱責しなければならない場合も、相手がわれわれにではなく神に仕えるものとなるように努力しなければならない。なぜなら、神ご自身が目的だからである。そこでわれわれは、はっきり見えるようになって兄弟の目のちりを取り出すために、まず自分の目からしっとや悪意や見せかけの梁を取り除き、二心を持っては何も行わないようにしよう。その時われわれは、キリストの浄配がもっていると述べられている鳩の目をもって、そのちりを見るであろう。このキリストの浄配は、神がみずからのために選ばれた輝かしい教会であり、しみもしわもない教会、すなわち、清い単純な教会である。

（『主の山上のことば』二・二〇・六八）

まだ夜明け前、薄暗い辺りをキョロキョロと見回しながら、修道院に小走りでやってくる男がいた。ちょうど、その時、自室で本を読んでいたアウグスティヌスは窓の外に、その男の姿を見つけたのである。

あれは、ドナトゥス派の教会に通うパン屋の主人……、本当に律儀な方です、とアウグスティヌスが玄関に向かうと、男は分厚いマントを幾重もまとった出で立ちで、扉の影に身を潜め立っていた。

――先日も失礼いたしました。ちょうど、うちの教会の司教さまが来られていたもので、ポシディウスさんには大変に無礼な態度を取ってしまいました。お詫びというほどのものではありませんが……。

男が背負うカゴには、これでもかというほどの大量のパンが詰められていた。

――いえいえ、そんなにお気遣いなく。どうでしょう。少し中に入られますか。

――ええ、そうさせていただけるとありがたいです。

修道院の庭の木々のつぼみは柔らかくなり、春はすぐそこまでやって来ているはずであったが、どこで足踏みをしているのか、朝はまだすこぶる冷えた。

男を食堂に通したアウグスティヌスは「今、火を焚きますので、温かくなるまでこれをどうぞ」と、先ほどまで彼が読書に使っていたランプを差し出した。「手先ぐらいは温めることができます」と。

それから、ワインを水で薄めた飲み物をコップに入れる。「もうアルコールは飛んでいますけれど、気持ちだけでも温かくなるでしょう」と。

――いやはや、恐縮です。

――ところで、ご主人の教会には、新しい司教さんが就任されたとお聞きしましたが。

二人は慣れた調子で話し始める。

――ええ、そうなんです。かなりやり手な人でして、他人にもご自分にも厳しい方です。いつも聖くあれ！　というのが口癖なんです。わたしどもが公同教会の人とちょっとでも喋ろうものなら、後でこっぴどく叱られることになります。汚れがうつるのだと……。

どうも、汚れていてすいません、とアウグスティヌスが笑うと、男は申し訳なさげにコップに口をつけた。

——それで、ちょっと問題が……。

アウグスティヌスがうなずくと男は話し続けた。

——前の司教さんは、懐が広いと言いますか、大らかと言いますか、あの頃は公同教会の方たちとも暗黙の了解ということでお交わりが活発でした。

——そうであったとお聞きしています。

——そのことが、今度の司教さんにはゆるせないようでして、その時代に汚れが我らの聖なる教会に持ち込まれた！　とお怒りになっています。それで、あんな司教が施した洗礼は無効である、とその時に洗礼を受けた人たちに再洗礼を求めておられるのです。聖い司教による洗礼のみが有効であるから、と。実は、わたしもその対象者でして……。いや、こんな話を公同教会の司祭さまにしてお恥ずかしい限りなのですが……。

アウグスティヌスは二度、三度、頷き、静寂を確かめたうえで、なお控えめな声で話し始めた。

——ドナトゥス派の教会において、再洗礼がなされていることはわたしも承知しています。それが北アフリカの教会の伝統に基づくものであり、しみもしわもない聖い教会（エフェ五・二七）を保つためだ、と主張されていることも。しかし、その意味を丁寧に考えてみなければいけないと思うのです。教会の聖性は、どのようにして保たれるものでしょうか。人間の聖さにおいてでしょうか、神の恩寵においてでしょうか。

パン屋の主人は、コップをさすりながら、神さまにですよね、と言葉を落とした。

アウグスティヌスは言葉を重ねる。

――すいません、ご主人を責めるつもりはまったくないのです。わたしも聖さを求める端くれです。ただ、人間の聖さによって教会の中から悪を取り除くという主張には危険な高慢があると、わたしは自戒を込めて思います。「高慢（superbia）」は、自分が隣人よりも「上に（super）」あると錯覚することです。「天（supera）」高くあられるべきは、神お一人だけです。人間は、「低く謙遜に（humilis）」、「地（humus）」に足をつけて生きなければいけません。それが「人間らしく（humanitas）」あることです。

ええ、同意します、と主人は言う。アウグスティヌスは恐縮しながらさらに言葉を重ねる。

――北アフリカの教会全体が、しみもしわもない教会たることを祈り求めてまいりました。カルタゴが生んだ偉大な獅子テルトゥリアヌスも、殉教者キプリアヌスも繰り返し、そのことを語っています。では、教会のどこに聖さを、わたしたちは見つけることができるのか。天上には栄光に聖く輝く教会がしみもしわもなくあるでしょう。しかし、私たちは地上の教会に生きています。この地上の教会のどこに聖さを見つけることができるのか。教会に集う人たちの聖さにでしょうか。難しいでしょうね。司教の聖さでしょうか。それも難しいでしょうね。司教が心の中でどんなことを考えているのか、そのひと欠片でもご覧になったらびっくりしますよ。聖い司教による洗礼のみが有効であるならば、もう年がら年中、再洗礼をし続けなければいけません。司教にも司祭にも聖さはない。その手で悪を完全に取り除くことはできません。であるならば、教会の聖さはどこにあるのか。

アウグスティヌスは呼吸を整える。

──それはただ一つ。教会を導かれる神の憐みにおいてです。私たちを教会の中に置き、キリストの十字架において私たちの悪に忍耐してくださっている神の憐れみにだけ、汚れた教会がなお聖くたりえる根拠があります。人間の悪を取り除くことで聖さを実現させようとするならば、教会の中には誰もいなくなります。そこは教会ではない。教会は神の聖なる忍耐があらわされる場所です。であるからこそ、私たちは隣人の悪に忍耐するのです。洗礼は一度で十分です。一度、あらわされた神の恩寵は減ったり消えたりしません。私たちが生涯かけても受け止め切れないものです。その恩寵に運ばれて、私たちは天上の栄光の教会にまで辿り着きます。安心してください。

そう言って、アウグスティヌスはほっほっほと笑った。

その後、パン屋の主人は再洗礼を受けないまま、ドナトゥス派教会に留まり続けた。アウグスティヌスたちとの交流を続けながら。

※『主の山上のことば』は、『主の山上のことば』から引用。

17　平和を喜びとする者は誰でも──ドナトゥス派との対峙Ⅲ

平和を喜ぶ者は誰でも、今、真実を見極めよ。

耳を傾けよ、兄弟たち。わたしが言うことに怒らないでほしい。

あなたたちが耳にすることに偽りはないのだから。熟考すればいい。

母なる教会自らが、平和と共にあなたたちに語り掛けるとするならば、このように言うのだ。

「ああ、わたしの子らよ、なぜ母に不平を訴えるのか？……あなたたちが兄弟を批難することで、わたしがどれほど深く引き裂かれたか。異教徒がわたしを圧迫したとき、辛さと共に多くのことに耐えた。多くの人がわたしを捨てたけれど、それは恐れがさせたことだ。しかし、あなたは何にも強いられずに、わたしに敵対するのだ。わたしと共にあると言いながら、あなたは偽りを見ている。わたしは公同（Catholica）と呼ばれ、あなたたちはドナトゥス派と呼ばれる。……わたしは悪しき者を退け得る。が、そうできない者は担うことを託されている。わたしは担おう。悪しき者が癒されるまで、あるいは終りの時に分かたれるまで。あなたたちはなぜわたしを手放したのか。わたしはなぜあなたたちの死に苦悩するのか？それほどに悪しき者を憎むなら、どれほどの人がいるかを見てみればいい。あなたたちも悪しき者を耐え忍ぶならば、なぜ一致しない。……あなたたちはおびただしい悪しき者を耐え忍びながら、良い報いはない。キリストのために負うものを、ドナトゥスのために担おうとするからだ」。

あなたたちに歌っているのだ。兄弟たちよ。もし、平和を聞きくことを望むのであれば。

我らの裁き主が来られる。我らを献げよう。主が成し遂げられる。

（『ドナトゥス派に対する詩編（*Psalmus contra partem Donati*）』）


民衆の口には、いつの時代も彼らの心を映し出す歌がある。受け入れ難い現実から洩れる吐息として、過行く愛に呼びかける祈りとして、遙か彼方のものを希求する叫びとして、民衆は、その旋律を、その詞を口ずさむ。そうして疲れた背中に翼を広げながら、その日、その日を生きていく。


今、ヒッポの民衆が口ずさむ歌がある。

「聖なる、聖なる、聖なる神よ……」。

街の外でも水夫が、農夫がうたっている。

「さあ、箱舟に乗り込め。神の兵士よ、キリストの戦士よ。口には純潔を、心には福音を。我ら聖にして正、聖にして生。しみもしわもなき殉教者の息子たち。清き献身者の娘たち……」。

気分が乗ってくると、ここで足が踏み鳴らされる。

「さあ、今こそ箱舟に乗り込め。正しき者がくぐる門を通って。流せ、清浄なる血を。目指せ、栄光に輝く御国を」。


耳に馴染むメロディー、印象的なフレーズ。それはドナトゥス派の教会で作られた賛美歌であった。その歌が、司教ワレリウスと司祭たちが顔を寄せ合い、協議をしている執務室にも聞こえてくる。

ワレリウスがひと息ついて窓の外を見る。

――最近、よく耳にする歌ですねえ。わたしにはあの言葉がよく分からなくて。

司祭長のシェリウスが苦々しそうに言う。

――ポエニ語ですね。この地域で昔から使われてきた言葉です。ドナトゥス派の教会では、礼拝の説教もああいう言葉でなされているそうです。大衆迎合ですよ。わたしは神様に対して失礼だと思いますがね。ただ、人のウケはいいもんだから困ってしまいます。

シェリウスは部屋の隅々にまで届くような大きなため息をついた。

彼が言う通り、ドナトゥス派の礼拝は、土地に根付いた言葉であるポエニ語やベルベル語でなされていた。公同教会で使われていたラテン語は、ドナトゥス派に言わせれば、支配者の言語である。そのラテン語から一定の距離を置くことで、ドナトゥス派は帝国の支配に抑圧されている民衆に寄り添う姿を見せた。そして共に叫ぶ詞を手にしていった。

——よし、わたしたちも歌をつくりましょう。

先ほどのため息を吹き飛ばすほどの快活な声でワレリウスが喋り始める。

——ラテン語でも民衆の歌はつくれるはずです。誰もが覚えやすいように、一つのキーワードとなる言葉が繰り返されるのがいいですね。斬新な感じで。

——なるほど、歌をつくるのはわたしも賛成です。ただ、我々の教会の伝統と立場が明確に打ち出されるものでなければなりませんよ。教会の歌ですから。公同教会に集う人たちを励まし、ドナトゥス派の間違いを正す歌を、わたしは期待します。

何らかの釘を刺すのは司祭長のいつもの役割である。ワレリウスはうん、うん、と頷いている。

——では、歌の作成は、アウグスティヌス司祭にお任せいたしましょう。キーワードは「平和」ということでいかがでしょうか。

すぐさま口を挟もうとするシェリウスを、ワレリウスは両手で制し、会議は閉じられた。

アウグスティヌスは、途中から嫌な予感がしていたのだがやっぱりである。

それにしても困難な宿題であった。平和と反駁、斬新さと伝統の重視、それぞれ相反する要求を同時に満たさなければいけない。

頭を抱えているアウグスティヌスにワレリウスが声をかける。「そうそう、ドナトゥス派とのことは、この記述に従うのがいいでしょう」。そう言って、ミレヴィスの司教オプタトゥスがまとめた両教会の歴史についての冊子を手渡してくれた。

——司祭にも色々とお考えがあると思いますが、まずは先輩の書いたことにのっかってください。批判を含めた判断はその先のことですから。司祭が今、抱いている思いは、大切に温めておいてください。

その言葉に背中を押されて、アウグスティヌスは一つの歌を書き上げた。驚くほど短期間のうちに。それが『ドナトゥス派に対する詩編』であり、アウグスティヌスが直接的にドナトゥス派との問題を扱った最初の作品となる。

その詩のなかに、かつて皇帝に頌詞をささげた誇り高き修辞学教授の姿はない。民衆と共に生きようとする司祭の姿だけがそこにある。文法は時に崩されながら、街角にある言い回しが採用されている。芸術性が犠牲にされても耳にやさしい単語が選択されている。Ａから始まるアルファベット歌の形式が採られたのも、覚えやすさのためであった。

そして、ひとつのフレーズが繰り返される。「平和を喜ぶ者は誰でも、今、真実を見極めよ」。アウグスティヌスが願ったことは、公同教会とドナトゥス派の教会とが一致するところを互いに認め合うことであった。二つの教会には、両者を別つ歴史以上に、同じ神に祈り、同じキリストを信じ、同じ福音を聞いてきた歴史がある。

神の平和を喜びとすることに、二つの教会は異論を挟まないであろう。「平和を喜ぶ者は誰でも」、そのフレーズをアウグスティヌスは祈るように繰り返した。民衆の心に奏でてもらいたくて。


ワレリウスがその詩を最初に聞いたとき、「うん、いいですね」と微笑んだ。その詩に、同労者の意見を聞きながら、民衆に語りかけるアウグスティヌスの姿をよく見て取ることができたからだ。平和と反駁とが調和のうちに手を取り合っている。それが、ワレリウスにはうれしかった。それでも、おや、とアウグスティヌスの顔に曇りを見つけるのであった。

——この出来栄えに不満ですか。

アウグスティヌスは率直に答える。

——いえ、最善は尽くしました。けれども、この歌がうたわれなくなる日が来ればとも願っています。その時こそ、二つの教会に平和がもたらされた時でしょうから。隔ての壁が壊された先に、きっと新しい歌を、わたしたちはうたえるはずです。御翼の陰に憩うような平和の歌を。

ワレリウスの微笑みが増した。そして、「では、その日を待ちながら」とうたい始める。シェリウスと肩を組んで。「平和を喜ぶ者は誰でも」。
絶妙に、二人の音程がズレている、その感じがとてもよかった。

※『ドナトゥス派に対する詩編』は、*Psalmus contra partem Donati* を訳出。

18　恩恵がやって来る

律法は、禁じられるべきことを禁じ、命じられるべきことを命じるので、善いものである。しかし、人が、自分を解放してくださる方の恩恵によってではなく、自分の力で律法を成就できると思ったときには、そのような思い上がりは、彼の益にならないどころか、罪の欲望により強く捉えられ、罪を犯す者になるという、いっそうひどい害悪をもたらすのである。「律法のないところには違反もありません」（四・一五）。そのようにして、自分自身では立ち上がることができないと自覚したら、自分を低くして、解放者の助けを願い求めるがよい。恩恵がやって来ると、それは過去の罪を赦し、努力する者を助け、正しい愛を与え、恐れを取り除くのである。

（『ローマの信徒への手紙選択』一八）

雨が憂鬱に思える日もあれば、雨に慰められる日もある。人の心模様は複雑で深淵だ。

今日は雨の音が心地よい。旅の途中でそう思えるのならば悪くないと、アウグスティヌスは雨雲に霞む山々を見上げた。

カルタゴの街まではもう少し時間がかかりそう。

本来であればもう着いていてもいい頃なのだが、とアウグスティヌスは努めて考えないようにしていたがそうもいかない。隣で不満を漏らし続ける同行者がいては……。エオモトゥスである。

——だんだんと、雨足が強くなってきましたよ。だから、早く出発しようと言いましたのに。まあ、全部、ワレリウス司教のせいですね。わたしはプンスカですよ。

——プンスカ？

もう一人の同行者ポシディウスが尋ねる。

——怒っているということです。わたしは雨が苦手なんです。アウグスティヌス司祭もお体が弱いんですから、温かくしておいてください。カルタゴに着いたらまずは休息ですよ。

カルタゴの司教アウレリウスから、ヒッポの司教ワレリウスに依頼があったのはひと月ほど前のことであった。カルタゴの教会に集う人たちがアウグスティヌスの書物を読み、ぜひ直接、会って教えを請いたいというのである。

ワレリウスと司祭団は快く承認し、アウグスティヌス一行は、カルタゴに向かうことになった。

が、今朝のことである。いざ、修道院を出ようとしたアウグスティヌスの旅服が見当たらないのである。服だけではない。旅に必要なものをまとめておいた荷物が根こそぎなくなっていたのだ。

思い当たる容疑者は一人しかいない。

アウグスティヌスは司教の執務室まで大股で歩きゆき、ドンドンドンと扉を叩くと、「何か御用で？」という間の抜けた声が聞こえてきた。

ワレリウスがとぼける時の声だ。

間違いない。

扉を開けると、アウグスティヌスが用意していた荷物一式とワレリウスの微笑みがそこにあった。

――どうしてそのようなことをなさるのですか。

アウグスティヌスの声はため息交じりだ。

ワレリウスはほとほと困ったふうに言葉を落とす。

――だってですよ、心配じゃないですか……。

子供みたいなこと言わないでください、とアウグスティヌスは怒ってみせたが、ワレリウスはあながち嘘をついていたわけでもなかった。彼は本当に心配をしていたのだ。

近頃、治安が乱れつつあり、旅人がその道中で暴漢に襲われる危険性は以前に比べて確かに増していた。

――今回はカルタゴの教会から過剰なほどに馬車と警備の人を送っていただきましたから、少々のことがあっても安全は確保されています。

しかし、ワレリウスにはもう一つの心配があった。それは、アウグスティヌスがカルタゴ近辺の教会に引き抜かれることであった。ワレリウス自身が強引な仕方でアウグスティヌスをヒッポの司祭に引き留めたのだ。同じことがなされても不思議ではない。

大丈夫ですかねえ、と微笑むワレリウスの目尻に、アウグスティヌスは引き返せない老いを見た。その視線に気づいたワレリウスは努めて陽気な声を出す。

——おおい、誰か、荷物を馬車へ運び込んじゃってください。司祭のご出発ですよお。

アウグスティヌスは時が流れゆくことを寂しく感じた。ワレリウスはいつの頃からか、ほっほっほっと笑わなくなった。むしろ、そう笑うようになったのは自分なのである。それはいったい何を意味しているのか。

雨粒が大きく馬車を叩く音に、アウグスティヌスの意識は旅程の中へと引き戻される。そろそろカルタゴの街並みが見えてくる頃だ。

——もうすぐですね。キルクムケリオネスとも出くわさなくてよかったです。

エオモトゥスがうれしそうに言う。キルクムケリオネス（circumcelliones）とは、「キリストの戦士」を自称する武装過激派集団のことである。反ローマを掲げながら略奪を繰り返し、一部ドナトゥス派との繋がりも噂されていた。彼らが公同教会に押し入り、荒し、放火まですることがあったからだ。司教が襲われたこともある。

しかし、今回の旅は守られ、進みゆく馬車に近づいてきたのは暴力ではなくカルタゴの匂いであった。灼熱に焼かれた土と雨と潮風とが融け合う匂い。ときめきと痛みと恥とが折り重なる匂い。

その匂いはアウグスティヌスの心に懐かしさと新しさとを同時に吹き込んだ。

カルタゴにはアウグスティヌスの青春があった。一六から二〇の歳まで、そして二二から二九までの歳をその街で過ごした。修辞学を教え、マニ教に熱中した。恋をし子も授けられた。

あの日々に、歴史は大きく動きもした。フン族に押された西ゴート族がローマ帝国領内に押し寄せてきたのだ。民族大移動の開始である。

アウグスティヌスが二四歳の時に、ウァレンス帝がハドリアノポリスで西ゴート族に包囲され、その命を断たれた。帝国の平和が崩れゆく音を、アウグスティヌスは息子アデオダトゥスと戯れながら聞いた。

二六歳の時に、テオドシウス帝が正統なキリスト教以外の信仰と儀式とを禁じる勅令を出した。その翌年に開かれたコンスタンティノポリス公会議で教会の一致が力強く宣言される。その喜びを熱情込めて伝えてきた母に、アウグスティヌスは、やっかいなことになったものだとため息をついた。

あの日々を、アウグスティヌスは愛しく思う。真理を求め、得体の知れない焦燥感に身を焼かれた日々を。人を傷つけ、自分も傷つきながら懸命に生きた日々を。みんなが懸命に生きていた日々。

それらすべて過去になったはずの日々をアウグスティヌスは新鮮な心持で見やることができた。

街が見えてくる。そうだ、と思い出す。かつてカルタゴを去る際に、壁に落書きを残したのだった。

「助けは来るのか。この日々を愛せる日が来るのか」。

あの落書きはまだ残っているだろうか。

難しいだろう。幾多の風が吹き抜けたのだ。

だから、アウグスティヌスはかつての自分に語りかける。

その日は来る、と。恩恵はやって来る。君の、解放者に助けを求めた日々は決して間違っていなかった、と。

雨音はいつしか祝福を歌うように、そんなふうに、優しい音を大地と奏でるようになっていた。

※『ローマの信徒への手紙選択』は、『アウグスティヌス著作集26』（教文館、二〇〇九年）から引用。

19　神の慈しみが我らに注がれるから

〔神は〕慈しむ者に慈しみを示すであろう、すなわち愛によって善い行いができるような、慈しみのある者にするのである。それゆえ、慈しみをもって行為することは、自分に帰そうとしてはならない。なぜなら、神が聖霊を通してその者に愛を与えたのであり、それなしには誰も慈しみのある者にはなれないからである。したがって、神は、善い行いをする者ではなく、信じる者を、善い行いをさせるように、選んだのである。じっさい、信じ欲することはわれわれに属するが、信じ欲する者に聖霊を通して善い行いをさせるのは、神に属することであり、その聖霊を通して、神の愛は、われわれを慈しみのある者にするように、われわれの心に注がれるのである。

（『ローマの信徒への手紙選択』六一）

カルタゴ滞在の日々は目まぐるしく過ぎていった。

アウグスティヌスは幾つもの集会に呼ばれ、聖書を読み、福音を語り、笑い、よく祈った。

その期間の終わりが近づいてきた朝、アウグスティヌスは、この間、あれこれと世話を焼いてくれたカルタゴの司祭らと共に、或る名士の邸宅に招かれた。律法と恩恵との関係について、司祭らの対話を聞きたいというのである。そこで、「ローマの信徒への手紙」を読み合うことになった。

背が高く澄明な気風を有する名士は、自らの名を名乗ることに優先してアウグスティヌスらを丁重にもてなしてくれた。

邸宅の奥まったところに通されたカルタゴの司祭らは、配慮ゆき届いた座に身を置くやいなや、矢継ぎ早に質問をアウグスティヌスに投げかける。

ポシディウスは休む暇なくメモをとり、エオモトゥスは世話しなく頷き、アウグスティヌスは懸命に答えた。

……律法それ自体は神の掟であるがゆえに聖にして善なるものである。しかし、人間が自らの力で律法を成就できると思い込むならば、そこには高慢が巣食っており、罪である。人間が義とされるのは律法の実行によってではなく神からの恩恵によってである。律法は人間に罪の自覚を与えても、その罪から解放することはしない。神は御自身が選ばれた者たちに、神を信じ、愛する賜物を授けられる。その信仰と愛とによって、神の民は善き行いへと向かう。その民はどんな染みによってもそこなわれることのない、永遠の命を受けるであろう。神に召されても来ない者は多いが、召されないで来る者はいない……。

アウグスティヌスに向けられた問いが八四を数えたところで、名士が恭しく提案する。

——司祭、今、お話されていることをわたしたち仲間内だけのものにしておくのはもったいない。まとめて冊子にしていただけないでしょうか。そうすれば、多くの人が学ぶことができます。

カルタゴの司祭らがそれは是非にと喝采をあげた。部屋の向こうからも、それはいいですねえ、という名士の妻の声が聞こえてきた。

この聖書を学び合う仲間たちが、この先も陰に日向にアウグスティヌスを支えていくことになる。その友情を記念するように、この日の対話は『ローマの信徒への手紙選択（*Expositio quarundam propositionum ex epistula apostoli ad Romanos*）』という小論にまとめられることになった。

翌日、アウグスティヌスはひとりでカルタゴの街を歩いた。記憶の断片を寄せ集め、それを地図にして歩いて、歩いて、歩き回った。

すれ違う人の背に知己の面影を見つけ振り返り、手触りの変わらない壁の前に立ち止まることもあった。

そしてまた歩き続けた。その姿はカルタゴがカルタゴのままであることを確かめているようにも、初めてこの街に親しく心拓いているようにも見えた。

そして、キプリアヌス記念聖堂に辿り着く。

海辺に佇むその場所から、一一年前、アウグスティヌスはローマへと旅立った。引き留める母の手を、偽りの言葉で振り払って。今、振り払うべき手はもうない。

幾つもの涙を受け止めた海は凪いでいて、神の恩寵を湛えているように見えた。

カルタゴの司教アウレリウスがそこで待っていた。

——久しぶりのカルタゴはどうだった。

——よい休暇になりました。感謝をしています。

——こちらこそ。君のお話が聞けて、みんな、とても喜んでいたよ。で、ここからが本題なのだが、と言って、アウレリウスは間を置いた。そして、アウグスティヌスの目をまっすぐに見て語り出す。

この人は本当に誠実な人なんだな、とアウグスティヌスは改めて思った。

——ワレリウス司教から、君をヒッポの司教に任じたいという相談を受けている。それも、御自身がしばらく司教に留まったままでだ。そのうえで、君を副司教というか補佐司教というか、とにかく司教の座につけたいと仰っている。

アウグスティヌスは驚いた。大切な話があるとは、アウレリウスから聞いていたのだが。

——ただ、それはニカイア公会議で決議された規範第八条が禁じていることだ。一つの街に二人の司教がいてはいけない。そのことはワレリウス司教もご存知のはずだ。こういうことに厳格な東方の教会出身だからね。そのうえで言っておられるのだろう。教会の法を犯すから、わたしに目をつぶれと。無茶苦茶な話だよ。よっぽど、君が他の町の教会にかっさらわれることが怖いようだ。

アウレリウスは苦笑いを口の中で転がす。

——けれども、わたしは動こうと思う。ワレリウス司教が最も案じておられるのが、君が変な労苦をすることだから。君は嫉妬を買いやすいし、誤解も受けやすい。交代というかたちで君が司教になると、ワレリウスは追い出されたのだという噂がたちまちに広がるだろうね。火の無いところに煙を立てたがる連中が多くいる。だから、司教はご自分ですべての泥を被るおつもりだ。あの人らしい。だから、わたしも喜んでお手伝いするよ。君は何も知らない。いいね、君は何も知らない。泥を被るのは司教の仕事だから。

それから、とアウレリウスは自分の言葉の重さを確かめる。そのうえで言葉を重ねてゆく。

——司教は御自身の最期を見据えておられるようだ。この前の手紙にはもう長くないと記してこられた。最後の仕事として、君に良いかたちでバトンを手渡したいと願っておられる。この件については、ヒッポの司祭団も一致して了解しているとのことだ。

アウグスティヌスは、わたしも司祭団の一員なのだが、という言葉を心に浮かべた。浮かべるままで発することはできなかったのだけれど。それを察するのがアウレリウスである。

——わたしのささやかな経験からして、あの方ほど、自分の欠落部分に実直な人はいないと思う。君の幸いはその言葉の賜物以上に人に恵まれていることだ。あの方の善が、これから君が司教として生きていくお手本になる。キリストの低さを追いかけたあの人の背中を追いかけるといい。それは君だけにゆるされた特権だ。うらやましいよ。我々には、その人の呼吸する傍近くにいなければ学べないことがあるからね。

カルタゴの海は、空の青さを受けて、しかし、それ以上に深く澄んだ青さを二人に輝かせて見せた。

※『ローマの信徒への手紙選択』は、『アウグスティヌス著作集26』から引用。

20　愛《いと》しき美よ、遍《あまね》く、彩《さやか》なる美よ

わたしが太陽を見たいと思い、そうし続けられたとしよう。しかし、太陽はわたしを置いてけぼりにして沈みゆく。雲に覆われもする。その他、多くの障壁によって、わたしは心ならずも太陽に見とれる悦びを失うだろう。

……しかし、真理と知恵の美しさについては、それを楽しむ粘り強い意志さえあれば、溢れる傾聴者が押しかけても、来る者は追い返されない。その美しさは時と共に消え去ることなく、場所によって違うことなく、夜に奪われることもない。影にさえぎられることも、肉体の感覚に服

することもない。全世界において、その美しさを重んじ、そこに向かうすべての人の近くに迫り、永遠にある。それはどこかに定め置かれないが、それが見あたらない場所はない。それは外から戒め、内から教える。そして、その美しさを見わけるすべての人を善へと変える。それでいて、それ自身を悪には変えない。

（『自由意志（*De Libero Arbitrio*）』二・一四・三八）

アリピウスがタガステの司教として働き始めるべく、翌日にはヒッポを旅立つという朝、修道院でささやかな送別会が開かれた。

一人ひとりが言葉を贈ってゆく。ポシディウスは涙ながらに感謝を述べ、エウォディウスが仰々しく神への賛美を語り、最後にアウグスティヌスがほっほっほと笑いながら、全体をまとめた。

――御言葉を一つ。「心にかなう道を、目に映るところに従って行け」（コヘ一一・九）。いいですね。いつも心を高く上げていてください。自分の情けなさに挫けず、共に生きる人たちの罪を諦めず、そんな日があったとしても、いつも心を高く上げていてください。天からの助けを待つんです。それがあなたの仕事です。わたしもあなたを守る力をいつも信じていますから。

その数日前のこと。庭に出て、深呼吸をするポシディウスがいた。

空気が悪い。険悪と言っていい。これまで、修道院の中を吹き抜けてきた風が淀んでいる。最近、エウォディウスの発する言葉が何かにつけ棘を含み、毒を撒き散らしていたのだ。きっとアリピウスの旅立ちが影響しているのだ、とポシディウスはにらんでいたが、二人の関係、あるいはアウグスティヌスを含めた三者の関係は古く、濃く、強く、他の人間が立ち入れるものではなかった。

薄い膜のような雲が空を覆っていた。

どうしたものでしょう、とぼんやり宙を見上げるポシディウスの横を、「そろそろですかね」という声が通り過ぎてゆく。

それから、エゥオディウスの部屋の扉をトントントンと叩く音が聞こえた。

――どうも。

――えっ、あっ、どうぞ。

そこから、しばらくの沈黙が続く。

部屋に入ったアウグスティヌスは何も喋らず、椅子に腰かけることもしない。沈黙、沈黙、沈黙が続いた。その沈黙がエウォディウスに、さあ、お前が話せ、と促す。

――わたしは自分が悲しいです。

依然としてアウグスティヌスは何も話さないままであるので、エウォディウスは次の言葉を絞り出さなければいけない。

……。

――アリピウスが羨ましいというわけではないんです。ないんですけれども。しかし、わたしはいやいや、ご安心あれ、あなたもやがてウザリスの司教に招かれることになる。声を大にしてそう呼びかけたい。が、そんなことは無論、できない。ひとつの時代に縛られて生きるのが人間だ。ゆえに苦悩も歓喜も深くなる。他方、神の御声は永遠の中にある。だから、共に耳を澄まそう。神の御声が響かせる真理の音色に。

――いや、わかっているんです。これは妬みです。罪です。司祭、わたしのこのさもしい性根を、神はどうして創造されたのでしょうか。わたしは恥ずかしく、消えてなくなりたい……。

そこで、ようやくアウグスティヌスの言葉が聞こえてくる。

――そういえば、以前、一緒にローマにいた時にもそういうお話をしたことがありましたね。多忙を言い訳にして途中で止まっていました。あの対話を再開させましょう。じゃあ、そういうことで。

アウグスティヌスはスタスタという足音を残して、自分の部屋に戻ってゆく。呆然とその背中を見送るエウォディウスを残して。

翌朝から、二人の対話が再開された。人間が為す悪はどこからやって来たのか。その時、人間の意志はどう働いているのか。

エウォディウスが問い、アウグスティヌスが応える。

そのやり取りは、後に『自由意志』としてまとめられることになる。

日々、柔和さを増すアウグスティヌスは、しかし、真剣な、しかも、神と人間とを巡る議論になると舌鋒鋭く、眼光きつくなった。それは対面する者に恐れを抱かせさえした。

では、始めましょうか、と言うところまでアウグスティヌスがまとっていた穏やかな雰囲気は一瞬にして消える。

——君は自分の悪を話す際に、神を語った。しかしまず考えてほしい。妬んだのは君だ。君は君自身の意志で罪を犯しているのだ。そうでしょう。なぜ、それを神のせいにするんです。

——確かにそうです。それでは問い方を変えさせてください。神はどうして、罪を犯す意志をわたしにお与えになったのでしょう。罪を犯さない意志だけがわたしにあれば……。

——君はまたも神を冒瀆するのですか。わたしたちが神を想う時、そこに賛美以外のものがあってはいけない。そうでなければ道を踏み誤る。

アウグスティヌスは部屋の天井を見上げる。まるで天を仰ぐように。いつものように。

——神が人間に善をも悪をも選ぶことができる魂を与えられたということに、わたしは深い慰めを覚えます。当然、神はその魂で善を選ぶことを願っておられる。善と悪と両方を選ぶことができるにも関わらず、善を選ぶことに意味があるんです。自由なる意志を持つ魂には神からの期待がある。ゆえにその魂は尊い。たとえ、その魂が悪を選ぶことがあったとしても、そこに神の期待がある限り、罪を犯さない魂より優れていると言えないでしょうか。

太陽は疾うに沈みゆき、空には星あかりが、部屋にはランプの揺らめきが彩に踊る。

ちょっと外を歩きましょうか、というアウグスティヌスの誘いに、二人は蒼い夜空のもとに身を置いた。

――わたしも君と同じように考えることがありました。そのたびに、空を見上げてきたように思います。今日はひと際、星がよく見える。

アウグスティヌスが目を注ぐのは、まばたきをすると見失ってしまいそうなほどの繊細な星の光だ。

――この空には、強い光の星もあれば、弱い光の星もあります。そのすべてで宇宙をつくっています。あの小さな光を発する星なしに、宇宙の完全さはありえません。魂についても同じです。君の善も悪も含めて、君という存在を造っています。それを否定してはいけません。君は神に造られた存在です。神の御業を賛美するという地点から、もう一度、一緒に歩き始めませんか。遅すぎることはありません。真理はもう君の内にあって、君が追い返されることも、君から離れてゆくこともないんですから。

アウグスティヌスの言葉は穏やかなものに戻っていた。

エゥオディウスは今日の空は本当にきれいですね、と応えたが、頬をつたうもののせいで、星々の光をはっきり見て取れたわけではなかった。

それでも、確かに美しいものを、彼は見ていた。

※『自由意志』は *De Libero Arbitrio* を訳出。

21　偉大なる謙遜

悪魔は高慢を模倣させるべく人間の前に現れたが、主は謙遜を模倣させるべく現れた。この主によって、人間に永遠の生命が約束されたのである。そしてキリストの血は、いい表しがたい苦痛と苦難ののちにわれわれのために支払われたのだから、われわれは大きな愛をもって救い主に固着し、彼の偉大な輝きによって彼の中にとらえられねばならない。そのとき、われわれの見た劣れるものは何ひとつ、われわれの目をすぐれたものから引き離すことはない。たとえ、われわれの目が劣れるものへの欲望によって誘惑されるとしても、われわれは悪魔の受ける永遠の罰と苦悶を見て、呼び戻されるであろう。

（『自由意志』三・二五・七六）

朝に昼に夕に、エウォディウスとアウグスティヌスとの対話は続いていた。いや、「対話」というのは正確ではないというのが、盗み聞きをしてきたエオモトゥスの見解。エウォディウスが発するひと言に、アウグスティヌスが千の言葉で返しているらしい。

今や、あの部屋は司祭の言葉に埋め尽くされていますよ、というエオモトゥスの誰にでも聞こえる独り言をポシディウスはアリピウスの荷造りを手伝いながら聞いた。

――それにしても、淋しくなりますね。

ポシディウスの言葉は冴えない。

――何を言っているんですか。ヒッポとタガステはご近所さんです。いつでも遊びに来てください。

二つの町は直線距離にして七〇キロほど。確かに、「ご近所さん」と言えなくもない。事実、アリピウスの方がちょくちょくとヒッポに訪ねてくることになる。

——エウォディウスさんは大丈夫でしょうか。

ポシディウスはこれまで幾たびも不安をアリピウスに打ち明けてきた。その度に必ずこう言ってくれるのだ。大丈夫でしょう。そう、この時も。

——大丈夫でしょう。二人とも物事を突き詰めて考えながら、あるところまでくるとパッと身を引くことができる人たちです。ひとまず棚上げにするというやつです。物事に対する真剣さとそれを手放す勇気。そしてまた考え始める。人間の成長はゆるやかです。大切な事柄に取り組むのには時間がかかる、そのことに対する謙遜さがあの人たちにはあります。

その時、ポシディウスは図書館で、こちらもひとつの用事を頼まれていたのを思い出した。蔵書が近頃、頓に増え、管理を任されていた男の手だけでは足りず、その奥さんも駆り出されたのだけれど追いつかず、それで、ポシディウスにも手伝ってほしいとの依頼を受けていたのであった。

——アリピウスさん、すいません、ちょっとだけ行ってきます。

——ええ、ここまでできれば大丈夫。とても助かりました。このお礼はまたいつか必ず。

では、とポシディウスが足早に図書館に向かった、その頃、エウォディウスの部屋では「対話」が佳境を迎えていた。アウグスティヌスは坂道を駆け上がるように息をきらし、その言葉において、今、見える景色を捉えようとしていた。

曰く……、君が今、ここに存在しているということは、神がそう望まれたという事実を示しています。存在しているものすべてが存在すること自体において善なのです。神がそう望まれたからです。しかし、君は自分が存在しなければ悲惨もなかったのではないかと考えている。その考えは他日、深めるとしましょう。しかし、今日、選ぶべきは悲惨であっても存在することです。それは神の善の中に留まることを意味します。生きることとそれ自体が善なのですから。君の犯す罪によって、君の善は多少なりとも目減りするように感じられるかもしれません。けれども、安心してください。そんなことはありえませんし、消えて無くなることは絶対にありません。残るんです。不滅ですから。君の善は消えません。神が創造されたんですから。君の存在そのものが善なんですから。共に悲惨を嘆きましょう。自分の弱さを謙虚に告白することを神は拒まれません。求め、告白する者を神は助けてくだいます。神は救助を与えられることに、誤つことも疲れることも決してありません。さあ、神を賛美しましょう。

ポシディウスが図書館での手伝いを終えて、自分の部屋に戻ってゆくところで、アウグスティヌスがエウォディウスの部屋から出てくるのが見えた。

――じゃあ、そういうことで。明日のアリピウス君の送別会は晴れやかにいきましょう。

――はい。ありがとうございました。あとで彼のところに行って謝っておきます。みんなにも。

その言葉の端にポシディウスを見つけたエウォディウスは深々と頭を下げ、ここ数日、すいませんでした、と謝った。

ポシディウスは、この人も立派な先輩だなと思って、深く深く頭を下げ返した。

アウグスティヌスはというと、そのまま礼拝堂の方に向かってゆく。ワレリウス司教から話があるということであった。

礼拝堂の真ん中で向かい合う二人の司教。

——二人でお話をするのはどれくらいぶりでしょう。補佐司教就任のこと、よろしくお願いしますねえ。

——本当にいいのでしょうか。

アウグスティヌスは幾つかの含みをもった言い方をした。

——御心のままにです。祈ってもきました。「本当に」ということであれば、わたし自身、もう少しやれるかと本当に思っていたんです。祈ってもきました。アブラハムさんとまではいかなくても、もしかしたらモーセさんの年齢まではとちょっと期待していました。けれど、無念。当座には叶えられない祈りがあるものです。それはそれで尊い。神様が早く御許に来いと言われるんですから、わたしはやっぱり愛されています。これでようやく御礼が言えます。あの人にも、あの方にも。

そこまで喋って、ワレリウスがわざとらしく咳き込んだのは、胸の痛みを隠すためであったのか、あるいはこんなふうに演じられる余裕が自分にはまだあると見せるためであったのか、アウグスティヌスは判別を避けた。その姿を目に焼き付けておこうとだけ思った。そして、尋ねた。

——司教がここヒッポで、どのように歩んでこられたのか、少し聞かせていただけないでしょうか。

ワレリウスは白湯をひと口含んでから、ほっほっほっと笑った。

――必要ないでしょう。あなたにはあなたの歩みがある。四年ほどになりますね、あの日から。

「あの日」とは、ヒッポの司祭に指名された日のことであるとアウグスティヌスは理解した。ワレリウスが突然、礼拝の説教のなかで呼びかけ、聴衆が応えたのだ。アウグスティヌスを司祭に、と。

――あなたをここに留めおくことがヒッポの教会のためであると信じていました。願わくはあなたのためでもあってほしかった。けれども、この四年の間、もっとも幸せであったのはわたしでした。あなたと一緒に教会に仕えることができてうれしかった。本当にありがとう。

「本当に」というのは、こういうふうに使うものです、と言って、ワレリウスは目を閉じた。すぐに、いや、まだ生きていますよ、とおどけて見せたのだけれど。そして、大きく息を吐きながら言った。

――神の祝福があるように。

※『自由意志』は、『アウグスティヌス著作集3』（教文館、一九八九年）から引用。

第二部　完

終部

彼は遺言を何も残しませんでした。神の貧者として、何も持たなかったからです。彼は教会の図書館とすべての書物を、未来の人たちのために心を込めて保存するよう絶えず命じていました。……それらの中に絶えず彼が生きていることを信仰者は見出し得るでしょう。

（ポシディウス『聖アウグスティヌスの生涯（*Sancti Augustini Vita*）』三一）

1　愛が刻まれた書物たち

われわれは、すべての人に対して同じ愛を持たなければなりません。しかしそうだからといって、すべての人に同じ薬を飲ませてよいわけではありません。愛は、ある人に対しては陣痛を耐え忍び、他の人々に対しては弱いものとなり、また、ある人々は教化しようと務め、他の人々は傷つけまいとします。愛は、ある人々に対しては身をかがめますが、他の人々に対しては決起します。ある人々にはやさしく、他の人々にはきびしくふるまいます。だれにも敵対せず、すべての人の母であります。

（『教えの手ほどき』一五・二三）

四三〇年八月一五日。

アウグスティヌスは優れて、教える人であった、とポシディウスはつくづく思う。そして、教えることで教えられ続けた人であった、と。

三九七年にカラマの司教に就いた後も、ポシディウスはヒッポの図書館を訪ね、その度毎に蔵書を増す棚を眺めることを楽しみとした。そこには、アウグスティヌスの苦悩と喜びとが鬩ぎ合い、その先に手を取り合ったものが凝縮して詰め込まれていた。

――ポシディウス司教、『教えの手ほどき（*De catechizandis rudibus liber unus*）』をここに置いておきますので。『告白』の次です。

図書館の管理を任されていた男が呼びかける。

――ありがとうございます。懐かしいですね。この書物には司教アウグスティヌスその人がよくあらわされています。

おおっ、実はわたしもそう思うんです。確かここに……と言って、男は頁をめくる。

――ここだ。「実に、さきに愛することよりも大きな愛への招きはありません」（四・七）。あの方らしい言葉じゃないですか。おっと、こんな話をしていると、書物の整理が進みませんな。

一行一行に思い出があって、と言う男の言葉には薄くない影が差し込んでいる。

街の外からは騎馬の嘶きが聞こえてきていた。

――ちょっと休んでいいですか。

ポシディウスの声に疲れが見えたので、男はそれじゃあ、と椅子に腰かけた。

二人の手には蔵書のリストが握られている。

四二六年に司教の座から退いたアウグスティヌスは図書館に籠り、四〇年を越える期間に記した自身の著作一つひとつの要点をまとめ、説明を加え、時に修正を付していった。自分が地上を去った後の人間に呼びかけるように。それが『再考録（*Retractationes*）』と呼ばれるものになる。それをもとにポシディウスはさらに書簡や説教集を含めた『索引（*indiculum*）』を作成しようとしていた。言葉こそ、アウグスティヌスが残そうとした唯一の財産であったから。

さて、二人が手を休めるきっかけとなった『教えの手ほどき』は四〇〇年を少し過ぎた頃に記されたものである。カルタゴの助祭デオグラティアスから相談がもちかけられたのだった。「キリスト教のことを知りたいと教会を訪ねてきた人に何を、どのように伝えればいいのでしょう」と。

キリスト教時代を迎えた教会には実に多種多様な人が訪れた。アウグスティヌスの言葉をそのまま借用すれば、「学問のある人、無学な人、同郷人、他国人、富者、貧者、顕職についている人、無名の人、権力者、あの国の人、この国の人、さまざまな年齢の人、男や女、あの異端に属していた人、この異端に属していた人、人々の間に広まったあの謬説やこの謬説を捨てた人」(一五・二三)等々である。

その人たちに聖書の福音を伝えるためにはどうすればいいのか。最初から三位一体の神さまが……と語り出しても、だいたいポカンとされてしまう。難しい話がありがたがられることもあるけれど、それで人びとが信仰に導かれるわけではない。ありきたりな励ましの言葉を語ってもつまらなさそうにされる。そのうちに自分もうんざりしてくる。どうすればいいのでしょう。

助祭の訴えをアウグスティヌスは如才なく受け止めた。

ポシディウスは言う。

——わたしも司教になってから少し経った頃で、似た悩みをもっていました。それで、『教えの手ほどき』を手に取ってみたんです。すると、最初にこう書かれていました。「わたしも、自分に満足のいくような話をしたことは、ただの一度だってありません」(二・三)。いやはや、司教もそうだったんだとびっくりするやら、安心するやらで読み進めていくと、こう続くんですよね。「いちばん重要なことは、教理を教える人が喜びの心をもって教えるにはどうすればよいかということです。その人のことばは、その人の持つ喜びに比例してじょうずなものとなるからです」（二・四）。それから、「その喜びを必要に応じてわれわれに与えるのは、その喜びをわれわれに命じられた神のいつくしみです」（同）とも。

——そうなんですなあ。司教が「神」と発する、あの音をわたしは好いとりました。あの嬉しそうな響き。あの音に福音の手触りを教えられたもんです。時々、厳しく恐くもなられるんですけれど。

男は快活さを取り戻して笑った。

——この言葉もあの方らしい。「あなたは話すときにはいつも、相手が聞いて信じ、信じて希望し、希望して愛するようになるように話さなければなりません」（四・八）。

ポシディウスは膝を打つ。それです。その「愛」という言葉をこれまた優しく言われるんですよね、何度も何度も。男は頷きながら、頁をめくり、見つけた文字を愛しそうに丁寧に指さす。

——ここ、ここ。「主がこの世に来られたのは、まず第一に、神がわれわれに対するご自分の愛を示し、その愛がどれほど強いかということを表されるためでした」（四・七）。司教は聖書のどの個所にも神の愛を見つけることがおできになった。そして、必ず言われた。「神は、自分の隣人でなかった人間、自分から遠く離れ去っていた人間を愛することにより、その人間の隣人となられたのです」（四・八）。

二人の会話は終わることを知らない。知らないふりをし続けたかった。

部屋に紛れ込んだ小鳥が首をかしげるようにしてその様子を見ている。

二人は過去を懐かしんでいるのでは決してなかった。アウグスティヌスが記した言葉を通して今この時の生を確かめているのだ。

——あっ、ここも。「善人に倣い、悪人を忍び、すべての人を愛しなさい。あなたはきょうの悪人があすどんな人になるか、全然知らないのです」（二七・五五）。あの方自身が何度も隣人への愛に破れながら、諦めることがありませんでした。

そこで男は悔し気に言葉を挟み込む。

——ポシディウス司教、そろそろ再開しましょう。間に合わなくなっては元も子もないですから。

——おっと、すいません。急ぎましょう。

ポシディウスは立ちあがった。男は『告白』の上に『教えの手ほどき』を戻しながら尋ねる。

——あの方の今日のご様子はいかがでしたか。

ええ、祈り続けておられます、と答えたポシディウスはもう一度、『教えの手ほどき』を手に取り開いた。そこに、「神の耳に達する声は、心の愛情しかないことをも理解しなければなりません」（九・一三）と書かれてあるのを再発見する。

この言葉の一群を残さなければいけない。

ポシディウスは祈りつつ手を動かした。

※『教えの手ほどき』は、『教えの手ほどき』（熊谷賢二訳、創文社、一九六四年）から引用。

2　男の名はペラギウス

……わたしはペラギウスのある書物を読んだ。彼はわたしが聞いたところでは聖なる人の一人で、少なからず宗教的に精進したキリスト者の一人である。

（『罪の報いと赦し（*De peccatorum meritis et remissione et de baptismo parvulorum*）』三・一・一）

地中海を渡る男の脳裏には、崩落してゆくローマの惨状が繰り返し映し出されていた。熱はこもっていない、それでいて、猛々しい言葉が飛び交い、甲板は騒がしかった。酒に霞んだ視線の中で、男の充血した眼だけが強靭な意志を保持している。絶望の中にあっても善を築くことを諦めない意志。

断続的に襲ってくる吐き気が男に激しい怒りを認識させる。彼は生きようとしていた。善く生きようとしていた。世界がどうあろうとも正しくあることによってのみ生き繋ぐことができると信じた。

男の名はペラギウス。

彼にはどうしても会わなければいけない人物がいた。その人物に会い、話をし、確かめたいことがあった。その答えによって、自分はまだ生き直すことができるかもしれないと思えたから。

幾艘もの船がシチリアから北アフリカを目指していた。乗客のほとんどが、避難民である。ローマが西ゴート族を中心とする一群の侵入をゆるしたのは四一〇年のこと。

「ゆるした」などという大層なことは言えない。帝国軍の抵抗などあって無きがごとくに簡単に吹き飛ばされてしまったのだから。

かつて「永遠の都」と謳われた街の攻防に劇的なドラマは生まれなかった。長い包囲を受けたローマの街には飢餓と伝染病とが広まっていて、阿鼻叫喚の世界がもたらされていた。戦える者など残っていない。その余力がある者は皆、他の地に逃げていた。そこに、一群の欲望が襲い掛かったのだから、劫掠、殺戮、強奪、放火、暴行がもたらされることに大した労力はいらなかった。

人が生きるために人を喰らい、そのために死んでいく様をペラギウスは幾度も見た。もう体が震えることも心が悲鳴を起こすこともなくなっていた。ただ、怒りが止め処なくこみあげてきて、生きなければいけないと強く思うだけであった。

どこをどう逃げたのか、誰に会ったのか、どれだけの日数が経過したのか。気づくと、ペラギウスは志を一にするカエレスティウスと共に北アフリカ行きの船の上にいた。

ペラギウスは全身に力を入れ、廉潔さを身から引き離さないように注意した。今後一切、憤りの類は胸の奥深くにしまっておこう。人間にはそれだけ強固な意志を神から与えられているのだ。

北アフリカはカルタゴの地を初めて踏みしめることになったペラギウスは、さて、と頰をさすり、強張りをほぐしてから、船着き場の男に尋ねた。

——ここから、ヒッポの街に行くにはどうしたらいいでしょうか。

尋ねられた男は陽に焼けた指を前方に向けた。

——ほれ、そこに列ができとるじゃろ。そこからもう一回、船に乗るもよし。それから、向こうの列。あっちは陸路じゃ。どっちにしても、目指すところは同じ。迷うこともない。大変だったんじゃろう。焦ることはない。ゆっくりしていかれたらいい。

ペラギウスは仰々しいまでの礼を述べてから、足早に陸路の列に並んだ。こちらが確実であろう、と。歩いて向かう者も多いが、少しでも早くヒッポに着くためには馬車に乗るのが得策だ。残された資金を考えれば不安になるが、優先すべきことは一刻も早くヒッポに赴くことである。そして、あの人物に会うこと。そう、ヒッポの司教アウグスティヌスに。

——すいません。馬車を一台お願いします。

——あいよ、相乗りになるよ。その分、料金はお安くしとくんで。さっ、乗っちゃいな。


ヒッポの修道院ではエオモトゥスが、『告白』の発送作業に追われていた。各地から写本を送ってほしいとの注文がひっきりなしに届いていたのだ。

アウグスティヌス司教が書かれたものはよく読まれますけれどもね、『告白』はまた特別なんです。そのせいでわたしは大忙しですよ、まったく。

これは全部、エオモトゥスの独り言である。

そこに、差し込まれる声があった。

——司教はおいででしょうか。

エオモトゥスが手を止め、振り返ると、清廉な顔つきをした男が立っていた。古びたものを着ていたが洗練されたものは隠し切れない。

——どちら様でしょう。

——ペラギウスと申します。大陸からやって来ました。不躾ながら司教にお目通り頂きたく。

その時、ペラギウスの目に『告白』という文字が飛び込んで来る。すぐさま頬が打ち震えてくるのが分かった。歯を食いしばり、力で押しとどめようとしても無駄だった。エオモトゥスが大丈夫ですか、と心配するほどに異変は明らかであった。


ペラギウスが最初に『告白』に触れたのはローマがまだかろうじて華やいでいた頃のこと。『自由意志』で人間の意志を肯定的に論じた著者の書物に胸が高鳴った。が、耳を疑う言葉が聞こえてくる。「御身の命ずるものを与えたまえ。御身の欲することを命じたまえ」(『告白』一〇・二九)。

ペラギウスは朗読していた司教に摑みかかる勢いで激昂した。

——今、あなたは読み違えたのではないか。でなければ、神に対して何という軟弱な態度、何という不遜な態度。なぜ、なすべきことを神に尋ね求める。まず善きことをなし、それから、それが成し遂げられるように祈り求めるべきだ。祈る前になさねばならない。人間はなせるのだ。その意志を神は与えてくださっている。

いつ何時も冷静沈着なペラギウスの変貌に、その場に同席していた皆が驚き言葉を失った。良識優れた人物として知られていたのである。

ブリテン島で生まれ、ローマで法律を学んだ彼のもとには多くの若者が集い、その清々しい厳しさに人びとは讃辞を惜しまなかった。

他方、そのペラギウスからして、ローマの教会からは腐臭がした。キリスト教時代を迎えた教会に鳴り響く祈りの声は一世代前よりも遥かに大きなものになっていた。しかし、祈りの言葉を口にする者がひとたび教会を出ると、貧しい者を足蹴にしている。好色、情欲、泥酔に身を堕している。そしてまた祈るのだ。主よ、助けたまえ、と。我らに善き賜物を、と。

ふざけるな、という怒りをペラギウスは募らせた。祈る前になせ。祈る前に善く生きろ。

怒りの沸点が、『告白』の言葉で越えてしまったのだった。

醜い姿を曝した、とペラギウスは唇をかむ。しかし、それを乗り越えていくのも意志の力だ。これまで何があろうともその意志の力で乗り越えてきた……。

ペラギウスは今いる場所を確かめるようにエオモトゥスを視野の中心に置いた。

——いえ、失礼しました。それで、司教は何処におられるでしょうか。

エオモトゥスは申し訳なさそうに言う。

——司教は今、カルタゴに行っておりまして……。

泥のような疲れが押し寄せてくるのをペラギウスは自覚した。膝が震えてくる。けれども、あの男のもとへ行かなければ。そして確かめなければ。
あの、休んでいかれませんか、というエオモトゥスの声を背中に受けながら、ペラギウスは手紙を一通託しただけで、カルタゴに舞い戻る。背を丸めた体を叩きながら、何事かを叫びながら。

※『罪の報いと赦し』は、『アウグスティヌス著作集29』(教文館、一九九九年)から引用。

3　聖なる人の涙

この死すべき身の艱難のただなかにあって、聖なる民はいうまでもなく、聖徒たちのひとりひとりが、この世の涙も悲しみももたずしてこの世を生きるとか、生きるであろうとか、生きて来た、などと厚かましくも主張して頑固な議論を好むほど馬鹿げて、気狂いじみている者がだれかあろうか。むしろ、聖なる人であればあるほど、そして、いっそう聖なる者として完成しようという願望が深ければ深いほど、ひとは、祈るときに多くの涙を流すのである。

(『神の国』二〇・一七)

四三〇年八月一六日。
ヒッポの街を取り囲むヴァンダル族の騎兵隊は蹄に苛立ちを乗せて、今にも街の中へと傾れ込んできそうだった。

ポシディウスと図書館の管理を任されていた男との会話はそうした中で続けられていた。

——結局、ペラギウスはカルタゴでもアウグスティヌス司教に会えなかったんですなあ。

——ええ。会えなくて、あの意志と恩寵を巡る激しい論争が始まりました。もし二人があの日、直接顔を合わせていたなら、と思います。あれでいて、二人には共通するところも多かったですから。同世代で互いに地方から都に出ていった身。同じ空気を吸って、似た苦労を経験したはずですから。

そういえば、とポシディウスは思い出す。

——司教はペラギウスのことを何度か見かけたことがあると言われていました。

——そうでしたな。だけれど、心を開いて会話をすることはなかったはず……。困難な時代を善く生きなければいけないという強烈な思いを共有していながら。もったいない……。

ポシディウスは、論争において交わされた書物と手紙、そこに詰め込まれた言葉の山を見上げる。

その隣で男はためらいがちに言葉を紡いだ。

——あの論争から学ぶことは確かに多かった。それは間違いないんです。けれども、その日々は司教にとって幸せなものであったのだろうか、と考えることがあるんですわ。怒涛の毎日で。あなたもその苦労を担われたんですけどなあ。

ポシディウスは、いえいえと首を横に振り、遠くの方を見やる目をした。街を呑み込もうとする欲望のその向こう側を眺め入るように。

男は書棚を整理する手を緩めることなく言葉を繋ぐ。

――今、思えば、まだ司祭であられた頃、皆さんと修道院で笑っておられたあの頃がアウグスティヌス司教にとって一番、幸せな時代だったんじゃないですか。そんな気がしますわ。

いや、それはこの貧しい頭が考える浅はかなこと、と男は髪の毛が薄くなった頭を掻いたのだけれども、そうか、あの日々を司教は笑って過ごされていたのだ、とポシディウスは妙に感慨深く思い返した。慰められもした。記憶に立ち浮かぶアウグスティヌスの顔は眉間に皺を寄せた厳しいものばかりであったから。

それでも、司教なら、とポシディウスは宙に漂う言葉を手に拾う仕草をして言った。

――司教なら、きっと言われますね。この世にあって、恩寵と災難とは混じり合っている。だから、恩寵だけを受けとることはできない。一緒に災難も受ける。そうして、すべてが恩寵であると知る。あの日々も、今日この一日も……、なんていうふうに。

――そう！　そうですわ。それが司教というお方。わたしたちの心は、神のうちに憩うまで、安らぎを得ることはない。それでも、すべては恩寵の日々であると……。

あら、これはどの本にあった言葉かしらんと男は探しにいきかけて、いけない、いけないと自重した。書物が支える幸福があり、心に写された文字によって保たれる平静がある。ポシディウスの口の端にもようやく笑みがこぼれた。

親子よりも歳の離れた二人は言葉を友人にすることで同じ時間を生きられた。会話を重ねられもした。

――ただ、怒涛の毎日であったことは確かです。司教はその日々を懸命に生きられた。賢明に。人の嘆きと共に。神の言葉を取り次ぎ。そして、あの四一〇年のローマ掠奪事件以来……。

男はパンと手を打ち、その熱を掌に確かめた。

——まったく、まったく。キリスト教が国教の位置に据えられたからローマに神々の罰が下ったのだという言説が一気に広まって、教会への批難は凄まじかったですからなあ。無茶苦茶な話ですわ。

ポシディウスは寂しい目をして記憶を見つめる。

——教会も動揺しました。ローマに踏み込んだ西ゴート族の王アラリクスがアレイオス派の信仰者で、街を散々破壊しながら教会だけは無傷に残したものですから、キリスト教の陰謀だなんて議論も盛んになって、その声にも教会は動揺しました。

男はもう一度、パンと手を打ち鳴らす。

——その動揺に誰よりも怒りを発したのがペラギウスでしたな。もう憤激が迸るやら、殺気が漲るやら。神々の罰などない！　陰謀などない！　聖書の神が我らを裁かれたのだ！　なぜその事態を深刻に受け止めない！　なぜ自分の腐敗と高慢を悔い改めない！　と。でも、そうですな。その思いの一部をアウグスティヌス司教も共有されていて、それを『神の国』に著されたのでした。

——やはり、二人は似たところに立っていたように思います。ただ、あの動揺をペラギウスが人間の意志の力で克服しようとしたのに対し、司教は恩寵に処決を求められました。人間は無力だから悔い改める心を、信じる力を与え給え、と神に祈り求められた。司教は、善く生きられない人間の姿を身に染みて、本当に身に染みて学ばれたから……。

ポシディウスは耳に残るアウグスティヌスの口癖をなぞる。……罪深いわたしは聖書に鍛錬されるほかない。義しさを求めれば罰を見つけ、神の憐れみを求めれば無償の恩寵を見つける。それが励ましだ、と。

その時、アウグスティヌスが身を横たえる部屋に入りゆく人影が見えた。

誰だろう。

ポシディウスは慌てて駆け向かう。

部屋の扉は開いていて、話し声が聞こえてくる。

……司教、どうか手を置いて、わたしの病を癒してください。

声の主はアウグスティヌスと同じく、幸いなる悩み多き日々を生きてきた男であった。

……わたしはもう司教じゃありませんよ。

アウグスティヌスの声は熱い涙に滲んでいる。

……それに、もしわたしにそんな力があるなら、自分の病を治していますよ。

永い歳月をくぐり抜けたたおやかな空気が二人の間を舞う。男の目尻がどうしようもなく揺れるから、その頭にアウグスティヌスは手を置いた。

……ありがとう。

綻びた涙の関は、男の頬に天からの憐みをつたわせた。それが男を絶望から守った。

ポシディウスの足元にも零れる雫があった。ポトリ、ポタリと。永遠に連なる温かい音を響かせて。

その音がアウグスティヌスの耳をかすめもする。

――ポシディウス司教ですね。あなたに図書館の書物を全て守ってほしいと無理なお願いをしてしまったせいで、ここに縛り付けてしまいました。申し訳なかったと思っています。

いいえ、とだけポシディウスは言えた。

残された空白を、アウグスティヌスのやわらかな声が埋める。

――今日は詩編だけではなく福音書も読めたんです。「命は人間を照らす光であった」（ヨハ一・四）。この一行を読むだけでも随分と永い時間がかかりました。でも、それでいい。またひとつ学ぶことができました。神はいつでも人間の光でいてくださる。だから、人間は目覚めて生きることができる。これまでも、これからも、いつまでも、どこにあっても。ああ、今日は良い日だ。

はい、とポシディウスは声を震わせた。その背中を大地に身を横たえようとする陽の陰りが閑やかにさする。

――ポシディウス司教、行ってください。あなたが伝える神の言葉を待っている人たちがいます。くれぐれも無理はしないで。いや、そんな訳にはいかないことをわたしたちは一緒に経験してきたのでした。何と困難な、何と恵み深い時代だったことか。

そこで、アウグスティヌスはひと呼吸間を置く。彼を取り囲む恩寵を愛しむようにして。そして、言った。

――あなたに神の祝福があるように。

ポシディウスは声にならない声を発した。

二人の間を恩寵の風が吹き抜けてゆく。
天使がその風に乗り舞い踊る。
愛の衣をはためかせながら。
悲しみの粒を吹き払いながら。
言葉の上に天の梯子を引き降ろす。
そうして、ヒッポの街には今日も美しい光が降り注ぐ。光が。溢れるばかりの光が。

※『神の国』は『神の国5』（服部英次郎・藤本雄三訳、岩波文庫、一九九一年）より引用。

完

エピローグ

祈り人の列にありて

なぜ祈りが必要か、と。その理由は、祈る意志がわれわれの心の曇りを取り除き、心を清め、われわれに霊的に注ぎ込まれる神のたまものをより多く受けるようにするからであるのにほかならない。……祈りは心を神に向けることである。その神は、もしわれわれが神のたまものを受け入れることができれば、いつでも与えようと待ち構えておられるのである。心が神へ向けられると、今まで渇望していた現世的なものが排除され、心の目が浄化される。こうして、単純な心の目は、消滅や変化なしに輝き続ける純粋な神的光をながめうるようになる。さらに、光をながめうるだけでなく、光の中にとどまりうるようになる。ただ単に、煩わしさを感じないでとどまるだけでなく、名状しがたい喜びをもってとどまるようになる。そしてこの喜びこそ、真に幸福な生活の完成である。

(『主の山上のことば』二・三・一四)

神はひとつの時代、ひとつの場所に祈り人を立たしめられる。

あの時代に、ヒッポの人たちは、どのような足取りで、どのような心持で、教会への道の途上を歩いたのだろう。

小さな教会の記録は、今は散逸し、消失したりもしていて、そのほとんどが残されていない。街はヴァンダル族のもたらした破壊に呑み込まれていった。

アウグスティヌスが愛した教会も、修道院も、図書館も、そして、人びとの生活した家々も、時代の暴風雨に曝され、その面影を歴史の表層に僅かに残すばかりである。ヴァンダル族にしても次の時代には痕跡を薄く残すのみなのだ。

時は絶え間なく行きゆきて、人の生を押し流してゆく。しかし、人びとの生きた跡が大地から見えなくなったとして、そこにあの人たちが生きなかったと誰が言えるだろう。

生きたのだ。清濁入り乱れた心をもって。いい加減さと直向さとを折り合わせて。

あの人たちは、礼拝堂で祈り、神の御声を求めた。祈ることでその心を神に正され、守られ、養われ、生きたのだ。

祈りそれ自体もまた発せられた次の瞬間には跡形もなく消えていったとして、しかし、その祈りが潰えたのだと、誰が言えるだろう。

神の記憶に刻まれた祈りがある。人が消し去り、忘れてゆく祈りを神は抱きしめ、新しい時代の人たちの心に託してゆく。

そうして、祈り人の列は永遠の途上にありて今日も進みゆく。

だから、神の懐に育まれるどのような祈り人も、自分より先に生きた祈り人の記憶を持っている。

祈りは神から託され、育まれてゆくものだから。その記憶の上に人は世代を越えて活かされてゆく。その記憶は鮮明さを必ずしも求めない。明瞭さも要求しない。朧げなもの、ある時には忘却の彼方に追いやられたものさえもが、一人の人間を、一つの共同体を支えることさえある。


アウグスティヌスの物心がつき始めた時、彼は祈り人の背中越しに世界を見ることになった。朝、礼拝の前に体を丸くして神にかしこむ人たち。彼らを見て、幼心に芽生える思いがあった。祈り人の背中は無防備で神々しい。

あの人たちは待っている。神の訪れを。

自分の願いが叶えられることに優先して。

礼拝堂の天井に、あるいは自分の瞼の裏に、日々の歩みを映し出し。

神の恩寵を仰ぎながら。

取り囲む喧騒に静寂を聞きながら。

あの人たちはこの世界に身を置き、同時に天に座していた。

その姿は美しかった。


ある時、アウグスティヌスは無邪気で不埒な勇気を奮わせて、祈り人の姿を正面から薄目でちらりと見やることがあった。眉間の皺が苦悶に深く刻まれていた。それでいて、時折、安らぎの表情が浮かぶ。口元が動きながらも、何も音は発せられていない。

きっと、天使がその音を自分の宝箱に大切にしまい込んだのだと稚い心は踊った。神様だけがその宝箱をお開けになることができるのだ、と。

そう、世界は今日も神が耳を澄まされる、あの人たちの祈りによって支えられている。その世界は美しく優しい。幼い心はそのようにも感じとった。


その光景が残像としてアウグスティヌスの胸の奥底に残り続けることになる。生涯に渡って。あの時、彼の両手を覆っていた母の掌のぬくもりと共に。

アウグスティヌスは、一度ならず二度、三度と祈り人の列から離れた。少なくともそれが彼の自覚だった。教会の扉の前まで足を向けながら引き返したこともある。随分と遠い世界に来たように思えた日もあった。

けれども、紆余曲折のように感じられる長い道のりを経て、ある日、礼拝堂でひとり祈る人の背中を見た時、なんだ、自分はずっとこの列の中にいたのではなかったかと思えた。

その祈り人の丸くて小さい、それでいて大きく見える背中越しに見える世界は、幼い時に見たそれと変わらず、美しく優しかった。

そのような人たちの祈りによって、アウグスティヌスという人間は守られ、育てられてきたのだった。

そういえば、アウグスティヌスは母から聞いたことがある。ある時期、母は、信頼しうる司教に出会うと、すぐさまに頼み込んでいたという。マニ教にのめり込む息子に会い、その非をさとし、連れ戻してほしい、と。その時に、ある司教に言われたのだという。

「息子さんをそのままにしておきなさい。ひたすら彼のために主に祈りなさい。いつか自分で気づくから。大丈夫です。あなたはもうたくさんの涙を息子さんのために主に流した。涙の子が滅びるはずがないじゃありませんか」(『告白』三・一二・二一)。

そうして、心を込めて祈ってくれた司教の声は天から響く慰めのように聞こえた、と母はよく言っていた。

祈りは当人の知るところ、知らざるところに構わず地上に積み重ねられ、人間と世界とを守る。

そんな祈りを自分はどれだけこの世界に置いていけただろうか。

天使は機嫌を損ねず、宝箱に詰め込んでくれただろうか。

それは天から贈られたものに比べれば、あきれてしまうほど僅かなものに過ぎないはず。

あの日からでも……と、アウグスティヌスは司祭になってからの日々を思う。

そして、床に伏したまま、枕元にある二冊から成る『主の山上のことば』の表紙を撫でた。

それは、昨日、ポシディウスに頼んで、図書館から持ってきてもらったものだった。

ヒッポの司祭に任じられたばかりの頃、アウグスティヌスが、教会で福音を語るために、ほとんど最初に取り組んだのがマタイによる福音書に記された「山上の説教」だった。

イエスが山上で語ったその言葉の示す通りに生きたかったし、ヒッポの人たちと共に生きていきたいと願った。

そのために、イエスの言葉の深淵に飛び込み、それが、『主の山上のことば』という一つのかたちになった。

けれども、その時に、イエスの言葉の底に触れたという感覚はなかった。その素朴な言葉の奥底に、もっと深く、もっと豊かな神秘が瞬いている予感があって、そこに手が届かないもどかしさがあった。いつかその所にまで手を伸ばしたい。触れたい。この時代の福音として語りたい。それがアウグスティヌスの祈りとなった。

そこに、教会人としての彼の原点がある。

自分はどれほどあの時から成長できたのだろう。どれほどイエスの言葉の中に深く潜ることができたのだろう。まったく心許ないとアウグスティヌスは苦笑するしかなかった。ただ、それは次の時代の人の役割でもあると、『主の山上のことば』を胸の上に置いた。

自分にはもう自分の語った文字を読む力も残されていないのだと、それは寂しくというよりも、安堵する心地でいっぱいになって、それから、ゆっくりと目を閉じた。心の中に贈られた言葉を思い巡らすために。


われわれが望むものを神から獲得するためには、ことばで神に願うべきではなく、清い愛と単純な愛情をもって心の中に思い巡らしていることがらと思考の意向とで、神に願うべきである、と。主はこれらのことがらをわれわれにことばをもって教えられたのであるが、それはわれわれがことばを記憶にとどめて、祈るときにこれらのことがらを思い出すためである。

（『主の山上のことば』二・三・一三）

アウグスティヌスは祈る。祈ることで神を想う。想うことを神に献げる。そうすることで、心の濁流の中に聖い光が灯るのを見つけた。それは、彼の光だ。神が灯した彼の光。祈るたびに灯されてきた愛の光。

なおも世に蔓延る悪の力は強い。些細な罪も積み重なると人を闇に堕し殺める。

しかし、いかなる悪も聖い光を消し去るほどには強くない。悪は狡猾であるに過ぎない。凡庸な顔をして己を愛させるのに長けているだけだ。

だから、人は祈る。祈ることで神を想う。想うことを神に献げる。そうすることで、心の濁流の中に聖い光が灯るのを見つけた。それは、あなたの光だ。神が灯したあなたの光。祈るたびに灯されてきた恩寵の光。

その光を消し去る者はない。

その光は神から放たれ、届けられたものだから。

その光があなたを祈り人の列に連ならせる。

その光を携えて、我々は今日も永遠の途上を歩みゆく。

あとがき

不安と辛苦に満ち溢れたこの人間社会においては、真実で善良な知己の偽りなき信頼と相互の親愛のほかに、何がわたしたちを慰めてくれるであろう。（『神の国（*De civitate Dei*）』一九・八）

日本キリスト改革派岡山教会に「事務室」と呼んでいる部屋がある。その扉に貼ってある世界地図を、日曜学校を終えた子供たちが——確かその日のお話は使徒パウロの伝道旅行のお話で——、ここじゃなあい、いやあそこよお、と指さしているのを眺めているときに、ふと気づくことがあった。岡山の街とアウグスティヌスが生きたヒッポ・レギウスの街とは、ほぼ同一線上に、すなわち緯度がほとんど同じところに位置している。

わたしはなんだか嬉しかった。やはり、と妙に納得もした。気候や雨の量が人間の精神とその生涯にどれほどの影響を及ぼすものなのかをわたしは知らないけれど、アウグスティヌスが目にし、言葉にしたオリーブの木々や葉、小麦畑の色彩、その鼻腔をかすめた潮の匂いや風の肌触り、街角から聞こえてくる人びとの多様な会話を、わたしは何となく身近に知っている気がしていたから。

「あなたは、わたしと同じく、多くの心配事によって忙殺されている司教ですから」(『書簡』九八・八)と、自分の弱さを率直に開け広げることのできる偉大な教父、繊細な魂をもって生きた信仰者、目の前にある人を神の民として愛した教会人アウグスティヌス。その人に、わたしは友人に覚えるものに似た親近感を覚え、その言葉に励まされてきた。その人の心に、神を仰ぎ、神の愛を指さし続けた数々の言葉の種は、どのように撒かれたのだろう、わたしは知りたいと願い、「物語」という舞台、そう、「歴史小説」という方法に立ってみることにした。その方法が彼と同じ景色を見るのに最も適したものであるように思えたから。すっと一行目が書けたので、その出来はともかくとして、そのあとも書き続けることができた。一度書いた文書を何度も書き直すことが楽しくて、その際に、アウグスティヌス研究の先達のほとばしる情熱に触れることが嬉しくて、そうしているうちに、ヒッポの教会に佇み、浜辺を歩くその人の息遣いを間近に聞く思いがしてきた。それは幸福な時間であった。

この「小説」を書いている間、手元に置き続けた言葉がある。それは古代ローマ史研究の碩学、弓削達が「歴史叙述と歴史小説」に記した一節である。

歴史小説というものは、歴史叙述が、自らに課している史料によるコントロールという科学性のゆえに越えることが出来ない一線を、僅かに越えることによって、歴史叙述がなしえない歴史的真実の伝達をなしうることがある、ということを認めざるをえない。

(『歴史家と歴史学』河出書房新社、一九八七年、二一八頁)

弓削の言う「一線」を、わたしは汗をかきながら閲し、「僅かに越える」意味を恐れつつ惟みた。そして、心に定めた。史料という大地を踏みしめられるときにだけ、想像力の翼を広げよう。「一線」を越えるときには、自覚的に越えていこう。いずれもわたしの手に余ることでありながら、その営みが生み出した上昇気流に乗って、わたしの心はいつでもヒッポの街に降り立つことができた。

その心が捉えていた、もう一人の歴史家の言葉がある。「生きた歴史学」を志向した二〇世紀フランスの歴史家リュシアン・フェーヴルの言葉である。

歴史を研究するためには、決然と過去に背を向け、まず生きなさい。生活に没頭しなさい。……引き裂かれ、砕かれ、血まみれになって許しを乞う世界、この世界の統一性を再建するのは外部からの干渉ではない。それぞれが自己の深遠な思想と無私無欲の行動をみごとに調和させることによって、……この献身があってはじめて、我々は歴史研究を行う権利があるのかという大いなる問いに対し、心安らかに然りと答えることができるのです。

（「歴史を生きる――歴史学入門」『歴史のための闘い』平凡社ライブラリー、一九九五年、六三―六四頁）

歴史家という美しい名に値するのは――実生活に飛び込んでそこに身を浸し、さらに現在の人びとと交われば過去を探求し蘇生させる力が倍加する、と信じかつ実践するひと。人類の隠された意味を握る過去は、このような努力と引き換えに彼にそれを返すのである。

（「嵐に抗して――新しい『年報（アナール）』のマニフェスト」同八四頁）

『古くて新しい物語』の登場人物は幾人かを除いて、実際にアウグスティヌスと共に生きた人たち、そのように史料が教えてくれる人物たちである。同時に、その姿の描写においては、これまでわたしが出会うことゆるされてきた人たちの面影や教会での様子が投影されているようにも思える。初めて神戸の灘教会に足を踏み入れた日から、洗礼を授けられた日――わたしが受洗記念としていただいた本の中に山田晶著『アウグスティヌス講話』(新地書房、一九八六年)があった――、それまでにも、それ以来の日々においても、わたしは、わたしが生きてきた現在という世界において、実にありがたい出会いに恵まれてきた。アウグスティヌスこそが彼の時代にそうであったように。彼もわたしもどれほどの不義理を連ねたのか。にもかかわらず、どれほどの愛と寛容に守られてきたのか。わたしはこの物語を書くことを通して、いろいろな人たちと図らずも出会い直すことになった。そして、深謝に身を焦がした。

そんなことをしているんです、とあの日、岩崎謙先生に話していた自分の姿を懐かしく思い起こす。先生は神戸改革派神学校で、わたしの卒業論文――それはアウグスティヌスの『神の国』を巡るものであった――の指導をしてくださり、その後の学びについても気にかけてくださっていた。先生は、うん、うんとわたしの話を聞いてくださり、翌日には日本キリスト改革派教会教育機関誌委員会が発行する『Rejoice』という聖書日課が記された小冊子の、読み物頁への連載を優しく、強引に提案してくださったのだった。「そういえば、よいものがあるじゃない」、そんなふうに微笑みながら、わたしの方を見つめられた先生のことと、「よし、それでいこう」と言ってくださった委員の方々の声を、わたしは大切な宝物として記憶の箱に納めている。

その時点で、わたしの手元に十分な原稿が書けてあったわけではないけれど、「アウグスティヌスの古くて新しい物語」と名付けられた連載は、一年、二年、三年と歳月を重ねていくことがゆるされた。それは、同委員会及び編集会議の皆さん、そして読者の方々の応援のおかげであった。『Rejoice』という輪の中でこそ、この物語は生まれ、育まれていった。主に在って感謝を繰り返し思う。

連載が続いている間に、わたしは父と、教会の愛する先輩方を天に見送った。父の病室で、聖書と共に母とこの物語を朗読することができたこと、一人の尊敬する姉妹が『Rejoice』からこの物語の頁を抜き取り、大切に綴じてくださっていたこと、その幸福な記憶を、わたしはときおり、宝箱から取り出し、慰められている。

それから、原稿が一つ書きあがるたびに、わたしは最初に妻の知恵に読んでもらうことを愉しみとした。彼女と共に歩む日々があってこそ、わたしは現在と地続きにある世界としての「古代」に飛び込むことができた。そしてまた戻ってくることができた。その日々のなかを、これからも歩み、書き続けていきたいと願っている、終わりの日まで共に、恩寵の風が吹きゆくままに。

幸福はもう一つの幸福を連れて来てくれる。吉田隆先生が出版の相談に乗ってくださり、ついには推薦の文も書いてくださることになった。わたしが教会史の「古代」という時代に魅了されたのは、神学校で先生の講義を受けてからだったから、こんなことがあるんだなと抱えきれない幸福に囲まれる心地がしている。先生の激励があってこそ、この物語は出版というかたちをとることができたし、わたしは一層、学び続けなければいけないという決意を新たにさせられている。出版の具体的な助言をくださったのは袴田康裕先生であった。思えば、アウグスティヌスが信仰の友として、眼前に立ち現れたきっかけは、わたしが神学生のときに、先生ご夫妻、そして一人の兄弟と一緒に『神の国』を読んだことにあった。頁を巡る度に、ここに最良の友がいる、と感動したことが忘れられない。そして、本棚に一冊ずつ、アウグスティヌスの書いたものが増えていった。あの夕べの交わりから始まり、今に至る一筋の線に感謝を重ねる。

そうして、この出版を快く引き受けてくださった教文館の髙木誠一さん。忍耐と配慮をもって、『物語』が書籍となる過程を最後までお導きくださった。ありがとうございました。

最後に、この『物語』を手に取ってくださった皆さんに、心よりの感謝を申し上げる。さらに、もし、アウグスティヌスが書いた『告白』や、『神の国』を読んでみたいと思ってくださる方がおられたら、あるいは、教会というところに新しい関心を抱いてくださる方がおられたら、そんな幸福な時間の続きを主なる神は備えていてくださるのではないかと、わたしは心密かに希っている。

二〇二三年　新緑の候、瀬戸内海を臨む操山の麓にて

柏木貴志

本物語は、『Rejoice』二〇一九年一月号から二〇二一年一二月号に連載された「アウグスティヌスの古くて新しい物語」に加筆修正を加え、エピローグを書き下ろしたものです。

アウグスティヌス略年譜

（物語に関係する事柄を中心に）

354年（0歳）	11月13日、タガステに生まれる。父パトリキウス、母モニカ。姉は後にヒッポの女性修道院の長（ポシディウス『聖アウグスティヌスの生涯』26）。弟ナウィギウスはカッシキアクムで共同生活をした際、気難しく兄に反抗する姿を見せる（『至福の生』）。
361年（7歳）	タガステで初等教育を受ける。
367年（13歳）	マダウラに遊学。修辞学を学び始める。
369年（15歳）	学費が追い付かず、タガステに帰郷。不安な心を抱え生活。
370年（16歳）	父パトリキウスが病床で洗礼を受け召天。ロマニアヌスの援助を受けてカルタゴに遊学。ある女性と同棲生活が始まる。
372年（18歳）	アデオダトゥスが生まれる。
373年（19歳）	キケロ『ホルテンシウス』を読み、「すべての人間は幸福を求める」真理への熱望に駆り立てられる。他方、聖書の文体の素朴さに失望。公同教会の信仰に反発。この時期からマニ教に傾倒。
374年（20歳）	学業を終え、タガステで文法学教師となる。
375年（21歳）	西ゴート族がローマ帝国領内に。民族大移動の開始
376年（22歳）	最愛の友の死に直面。カルタゴで修辞学教師となる。マニ教に加えて、占星術、自然哲学に熱中
377年（23歳）	カルタゴで詩作コンクール入賞。
380年（26歳）	処女作『美と適合について』を執筆（散逸）。
381年（27歳）	テオドシウス帝の招集によりコンスタンティノポリス公会議開催 マニ教ファウストゥスとの対話によりマニ教に失望。夏頃、
383年（29歳）	カルタゴの学生に失望しローマで教師の職を得て、海を渡るもその際、重病に瀕する。アカデミア派の懐疑論に傾倒。
384年（30歳）	ローマ市長官シュンマクスの推薦によりミラノ公立学校の修辞学教授に就任。アンブロシウスの人柄とその説教に魅かれる。
385年（31歳）	母モニカ、ミラノに来たる。アデオダトゥスの母との離別。良家子女との婚約。ウァレンティヌアヌス帝に頌詩を捧げる。 アレイオス派の皇太后ユスティナー派がミラノ聖堂を包囲
386年（32歳）	プロティノス『エネアデス』等、新プラトン主義の書物を通して、真理探究の術を学ぶ。アンブロシウスの説教を通して、聖書の奥深さを学ぶ。パウロ書簡を通して、キリストの謙遜を学ぶ。シンプリキアヌスやポンティキアヌスとの出会いを

	経て、ミラノ庭園における「取りて読め」の声を聞く。神にすべてを献げ生きる決意をし、洗礼志願者に登録、修辞学教師を辞職の手続きに入る。ミラノ近郊カッシキアクムにある友人ウェレクンドゥスの別荘で洗礼準備と共に、友人たちと、また己れとの対話の生活を送る。
387年（33歳）	4月24日から25日にかけて、アンブロシウスを司式者として、洗礼を受ける。息子アデオダトゥス、友人アリピウスと共に。タガステで修道生活を送る決意をし、オスティアで船を待つ間に母が召天。帰国を延期して、ローマに滞在。
388年（34歳）	『マニ教徒に対する創世記注解』をもってマニ教論駁開始。『自由意志』を記し始めたのもこの頃。タガステに帰り、父の財産を整理。息子や友人たちとの共同生活が始まる。この頃、後のカルタゴ司教アウレリウスと交友を結ぶ。
389年（35歳）	息子アデオダトゥスとの対話からなる『教師』執筆。
390年（36歳）	アデオダトゥス、ネブリディウス召天。『真の宗教』執筆。
391年（37歳）	ヒッポ・レギウスの教会の司祭に就任。『信の効用』執筆。
392年（38歳）	マニ教司教フォルトゥナトゥスとの公開討論会が開催される（『マニ教徒フォルトゥナトゥス論駁』）。『二つの魂』執筆。
	テオドシウス帝の推進力により、キリスト教国教化の完成
393年（39歳）	10月8日、ヒッポ平和会堂献堂式。12月3日、ヒッポ・レギウス教会会議で講演（『信仰と信条』）。『未完の創世記逐語注解』、『主の山上の教え』執筆。
394年（40歳）	『ドナトゥス派に対する詩編』執筆をすることによって、アウグスティヌスにとってのドナトゥス派論争が始まる。アリピウスがタガステの司教に就任。
395年（41歳）	補佐司教に就任。『自由意志』全3巻完成。
	ローマ帝国が東西に分裂
396年（42歳）	ワレリウス召天。司教に就任。『キリスト教の教え』執筆開始。エウォディウスがウザリスの司教に就任。
397年（43歳）	アンブロシウス召天。シンキプリアヌスがミラノ司教に就任。ポシディウスがカラマの司教に就任。
400年（46歳）	『告白』全13巻完成（～397年）。『洗礼論』、『教えの手ほどき』執筆。
404年（50歳）	ホノリウス帝へドナトゥス派問題介入を要請。マニ教徒フェリクスとの公開討論会（『マニ教徒フェリクス論駁』）
	ヒエロニュムスによるラテン語訳聖書『ウルガタ』が完成
410年（56歳）	ヒッポ郊外で療養生活。
	西ゴート族がローマ掠奪。ペラギウスが北アフリカへ
411年（57歳）	カルタゴにおける公同教会とドナトゥス派との協議会に出席。ローマ護民官マルケリヌスが司会する同会議にて、ドナトゥス派への異端宣告がなされる。

412年（58歳）	ホノリウス帝の勅令により「ドナトゥス派鎮圧令」発布。『罪の報いと赦し』、『霊と文字』の執筆をもって、アウグスティヌスにとってのペラギウス論争が始まる。
413年（59歳）	『神の国』最初の3巻執筆。盟友マルケリヌスとの約束を果たすため。
417年（63歳）	『ヨハネによる福音書講解説教』、『ヨハネの手紙一講解説教』執筆。
418年（64歳）	カルタゴ教会会議において、ペラギウス主義が断罪される。ローマ教皇ゾシムスは回勅によりペラギウスとカエレスティウスの異端を宣告。『キリストの恩恵と原罪』執筆。
419年（65歳）	『三位一体』全15巻完成（～400年）。
420年（66歳）	『詩編注解』完成（～391年）。
421年（67歳）	エクラヌムの司教ユリアヌスとのペラギウス論争が始まる。『ユリアヌス論駁』、『信仰・希望・愛（エンキリディオン）』執筆。
426年（72歳）	司教引退。エラクリウスを後継指名。『神の国』全22巻完成（～413年）。『キリスト教の教え』全4巻完成（～396年）。北アフリカはハドルメトゥムの修道士たちから投げかけられたセミ・ペラギウス的言説を論駁するために『恩恵と自由意志』、『譴責と恩恵』執筆。
427年（73歳）	『再考録』（254巻94冊にわたる自著の注記と訂正）完成。
429年（75歳）	南フランスはマルセイユの修道士から投げかけられたセミ・ペラギウス的言説を論駁するために、『聖徒の予定』、『堅忍の賜物』執筆。 ヴァンダル族が北アフリカに侵攻
430年（76歳）	8月28日、ヴァンダル族にヒッポが包囲されるなか、召天。

登場人物
（五十音順）

アウグスティヌス（Augustinus）
ヒッポの司教。「恩寵の博士」。この物語では、彼が司祭から司教補佐に任命されるまでの期間が中心に描かれる。

アウレリウス（Aurelius）
カルタゴの司教。北アフリカの教会全体に優れた指導力を発揮し、教会会議を定期的に開催した。アウグスティヌスと生涯に渡る友情関係を結ぶ。

アデオダトゥス（Adeodatus）
アウグスティヌスと『告白』にその名が記されない女性との間に生まれた、優れて利発な子。『教師』は18歳にして召された彼の驚くべき才知の記念碑となった。

アリピウス（Alypius）
後のタガステの司教。アウグスティヌスがタガステで教師をし始めた頃からの同郷の「生徒」であり、修道院でもアウグスティヌスと生活を共にし続けた「親友」。

アントニオス（Antonios）
修道士の父。不断の祈禱、詩編歌唱、断食、読書から成る清貧生活の体現者。その生き様はアタナシオスが著わした伝記により東西教会に驚きをもって知られた。

アンブロシウス（Ambrosius）
ミラノの司教。司教の中の司教として、4世紀に訪れた「キリスト教時代」を象徴する人物。一歩も退くことなく皇帝と対峙した。東方教会の神学と賛美歌を西方教会に積極的に紹介する。その聖書の解釈法にアウグスティヌスの目は開かれた。

エウォディウス（Euodius）
後のウザリスの司教。タガステ出身で宮廷の役人をしていたがアウグスティヌスと苦楽を共にする生活に入る。『魂の偉大』、『自由意志』は彼との対話から成る。

エオモトゥス（Eomotus）
ヒッポの修道院をこよなく愛した人物。司教になることなどには全くの無関心で平穏な朝食を大切にした。このような人が傍らにいてくれると毎日は楽しくなる。

カエレスティウス（Caelestius）
ペラギウスの同労者。原罪を否定するなどペラギウスの神学をより先鋭化するかたち

で表明。彼がカルタゴの司祭に就くことを願ったために論争は激しくなる。

キプリアヌス（Cyprianus）
258年に殉教したカルタゴの司教。迫害下、また迫害と迫害の間に忍耐と一致の必要を教会に語り続けた。その教会観は北アフリカの教会に多大な影響を及ぼす。

シェリウス（Shellyus）
ヒッポの司祭長。秩序を重んじながら、愛と自由をおざなりにすることはなかった。いつも気にしていたのは司教の豊かな賜物が適切に用いられること。

ティコニウス（Ticonius）
ドナトゥス派神学者。教会が真の体と偽りの体からなる混合体という主張はアウグスティヌスに影響を与えるも、ドナトゥス派教会からは追放される（378年）。

テルトゥリアヌス（Tertullianus）
「言葉の魔術師」と称されるカルタゴの護教家。ラテン語で「三位一体（trinitas）」（『プラクセアス反論』2.4。212年頃）という言葉を使用した最初の人物。

ドナトゥス（Donatus）
4世紀前半のカルタゴの司教。いかなる艱難があろうともキリストに従い抜く聖い生き方を追求した。その厳しさに強い求心力が生まれ、ドナトゥス派を形成。

ネブリディウス（Nebridius）
アウグスティヌス、アリピウスの「甘美な友」（『告白』9.3.6）。彼らと魂の遍歴を同じくする。タガステの修道院で生活をしていた。390年に召される。

ヒエロニムス（Hieronymus）
語学の達人にして古典教養の精通者。聖書のラテン語訳「ウルガタ（Vulgata）」をベツレヘムの修道生活の中で完成。アウグスティヌスとは多々、激烈な手紙を交わす。

フィルムス（Firmus）
長くマニ教を信奉する商人であったが、アウグスティヌスの説教を聞き、回心。聖書の研鑽を積むことに生涯を献げるようになる。

ヘラクリウス（Heraclius）
アウグスティヌスの次のヒッポの司教。知恵深く、慎み深い人物（「手紙」213）。堅実に職務に取り組み、人びとからの高い支持を取り付けた。

ホノラトゥス（Honoratus）
マニ教徒としてのアウグスティヌスをよく知る旧友。同年代の友人らがマニ教から離れた後も一人留まった。司祭アウグスティヌス最初の言葉は彼に向けられる。

ポシディウス（Possidius）
後のカラマの司教。アウグスティヌスに憧れ、歩みを共にし、アグスティヌスの召天後、『聖アウグスティヌスの生涯（*Sancti Augustini Vita*）』を著す。

ポンティキアヌス（Ponticianus）
宮廷の高官。ミラノで身を持ち崩す同郷のアウグスティヌスを心配して訪ねてくれた良い人。聡明さと情熱を兼ね備え、教会に仕え、キリスト者の生を追い求めた。

フォルトゥナトゥス（Fortunatus）
マニ教の聖職者（「選ばれた人」）。ヒッポで長く生活し、その善良さから多くの人に慕われていた。が、アウグスティヌスとの議論に敗れ、街を去ることになった。

ペラギウス（Pelagius）
アウグスティヌスに激しい愛憎を寄せる論争相手。混迷の時代にあっても、高潔に生き得るという人間の可能性、意志の力を信じ続けた。

メガリウス（Megalius）
カラマの司教。教会の法に明るく、規律への注意深さを怠らない人物。ワレリウスに苦言を呈することがしばしばあったが両者は深い信頼関係で結ばれていた。

モニカ（Monica）
アウグスティヌスの母。熱烈な信仰で神と教会と家族に仕える。涙と情熱とをもって生きた祈りの人。夫パトリクスは異教徒であったが死を前に受洗。

ワレリウス（Valerius）
アウグスティヌスの前のヒッポの司教。自他の賜物を適切に見極め、最大限に活かすことに長けていた。ヒッポでは「老司教」と称され、人びとから親しまれる。

その他、名前が記されていない、しかし、神に愛された多くの偉大な人びとが、この物語を支えている。

《著者紹介》
柏木貴志（かしわぎ・たかし）
1982年、兵庫県生まれ。関西学院大学社会学部、神戸改革派神学校で学ぶ。現在、日本キリスト改革派岡山教会牧師、神戸改革派神学校非常勤講師（古代教会史）。

アウグスティヌス——古くて新しい物語

2023年6月30日　初版発行

著　者　柏木貴志
発行者　渡部　満
発行所　株式会社　教文館
〒104-0061 東京都中央区銀座4-5-1　電話 03(3561)5549　FAX 03(5250)5107
URL http://www.kyobunkwan.co.jp/publishing/

印刷所　モリモト印刷株式会社

配給元　日キ販　〒162-0814　東京都新宿区新小川町9-1
電話 03(3260)5670　FAX 03(3260)5637

ISBN978-4-7642-6170-9　　Printed in Japan